PETITES IDÉES RECUES

SUR LES JEUX VIDÉO

Table des matières

INTRODUCTION

Rendre le jeu vidéo intéressant

Dans une lettre datée du 16 septembre 1845, Gustave Flaubert s'adressait ainsi au poète Alfred Le Poittevin : *« Pour qu'une chose soit intéressante, il suffit de la regarder longtemps »*. L'auteur évoquait la figure du bourgeois. Sa remarque a d'autant plus de valeur quand on rappelle que le développement journalistique à son époque privilégie plutôt le scoop : la recherche de l'événement insolite éveille la curiosité, même si cet événement finit par retomber ensuite dans l'indifférence générale. On sait à quel point le milieu journalistique avait déjà été critiqué par son contemporain Honoré de Balzac dans son roman *Les illusions perdues* (dont la rédaction date de 1837), lequel énumère les recettes factices et peu scrupuleuses pour faire l'éloge de ce qui, au fond, n'a aucun intérêt, tout en dévalorisant ce qui aurait, au contraire, mérité de la considération. L'attitude de Flaubert est tout le contraire : il faut regarder ce qui semble quelconque pour le rendre intéressant, et ce, en éduquant notre perception. Une telle attitude est inséparable d'un certain rapport positif à l'existence : au lieu de laisser le monde nous être indifférent, au lieu de lui laisser son apparente monotonie en raison de nos habitudes qui nous le rendent trop familier, sachons éveiller notre sensibilité et notre pensée pour être étonné de ce qui existe. Loin d'être blâmable, cet état d'esprit nous apprend à aimer bien plus qu'à détester ou à rester insensible. Notons que Flaubert ne cherche pas à savoir si la chose « est » intéressante : son travail consiste à travailler pour qu'elle le devienne. Ce qui implique un pouvoir plus grand que celui qui prétend découvrir en quoi la chose en question a réellement de l'intérêt. Il s'agit ici de créer, d'inventer une manière de voir pour la transfigurer afin qu'elle paraisse enfin intrigante. Rendre une chose intéressante implique donc de chercher à comprendre plutôt qu'à juger, et cela suppose l'art de l'écrivain pour nous aider à nous extirper de l'apparente banalité du réel. Comme l'affirme Fabrice Hadjadj, si notre univers comprenait des licornes, une vache nous semblerait extraordinaire : *« Même une vache qui broute paisiblement possède une forme tout à fait originale et passerait pour une bête fabuleuse là où il n'y aurait que des licornes »*[1]. L'écrivain et l'essayiste ne doivent-ils pas de la même manière travailler à rendre intéressant leur sujet d'étude ? Ceux qui reprochent aux jeux vidéo d'être ce qu'ils sont, semblent, contrairement à Flaubert, les survoler du regard pour les condamner trop rapidement. D'où leur empressement à juger. Il convient alors de regarder longuement l'univers vidéoludique, tout comme Flaubert, pour le rendre intéressant. Cultivons donc de patientes observations à son sujet, afin de surprendre (dans la mesure du possible) aussi bien les joueurs que les sceptiques.

Le lecteur peut donc mieux se familiariser avec les objectifs de cet ouvrage puisqu'il s'agit de valoriser le domaine vidéoludique, loin des jugements réflexes qui l'enferment dans une image banale et erronée. Il est nécessaire de ré-apprendre à le percevoir en l'interrogeant à nouveau, pour découvrir certains de ses aspects qui ont été inaperçus dans la plupart des essais qui l'abordent. La couche des préjugés en effet a fini par construire une *image* qui s'est si bien sédimentée, que la plupart des personnes qui n'ont jamais joué de leur vie, le jugent bien plus à partir de leur représentation qu'à partir du réel et des pratiques. Il faudra alors, à plusieurs reprises, poser des questions surprenantes (aussi bien pour les habitués que pour les novices), pour espérer rendre étonnant le jeu à ceux qui considèrent qu'il n'a que peu d'intérêt. Nous verrons que le jeu vidéo nécessite un travail méticuleux sur la mise en scène ; qu'il est inséparable d'interfaces (clavier/souris ; joystick ; manette avec croix directionnelle ; gâchettes avec retour haptique et stick analogique ; détecteur de mouvement) qui ne cessent d'évoluer pour modifier aussi bien les expériences que le type de jeux proposés ; qu'il est devenu impensable sans un système de sauvegarde et de progression ; qu'il est impossible de le comprendre, contrairement à ce que l'on imagine, à partir des idées trop restrictives d'identification ou de projection du joueur vers son personnage. Tout au contraire, les rapports entre eux ne cessent de subir des variations grâce à l'imagination des développeurs qui inventent ce que doivent être leurs relations. Nous verrons encore que la mort a différentes fonctions hors desquelles la plupart des jeux vidéo n'existeraient tout simplement pas : jeux d'action, jeux de guerre, jeux de survie, Die & Retry, Hack'n'slash, Roguelike proposent différentes manières de concevoir le rôle de la mort, lesquelles suscitent en retour différentes manières de vivre les expériences proposées. Si le lecteur considère que ce modeste essai réussit à le sortir de sa somnolence (même s'il n'est pas convaincu), l'auteur s'en trouvera satisfait. L'intention n'est pas de dire ce qu'il faut penser mais de donner à penser. Si le lecteur se sent *interpellé* par nos arguments, signe que son attention s'éveille là où elle était endormie, alors l'ouvrage n'aura pas été vain. Le but est de donner des outils, des armes aux passionnés de jeux vidéo pour désamorcer les reproches injustes qui lui sont le plus souvent adressés. Même un aussi grand penseur que Emmanuel Kant a eu l'honnêteté d'avouer que sa lecture de David Hume l'avait réveillé de son sommeil dogmatique[2]. Comme quoi, le philosophe affirme avoir été prisonnier d'un dogmatisme une partie de sa vie. Espérons alors modifier les perceptions des critiques et conforter la passion chez ceux qui apprécient déjà le monde vidéoludique.

Pourquoi rendre le jeu vidéo intéressant ?

Mais pourquoi s'interroger sur le jeu vidéo pour le rendre intéressant ? Pratiquons un détour philosophique pour le justifier. Le philosophe et théologien saint Augustin s'est questionné sur sa passion à l'égard du théâtre tragique dans sa jeunesse : pourquoi l'apprécie-t-il ? Pourquoi souhaite-il devenir un spectateur qui veut percevoir les souffrances des acteurs et prendre plaisir aux drames ? *« Comment se fait-il qu'au théâtre l'homme veuille souffrir, devant le spectacle d'événements douloureux et tragiques dont pourtant il ne voudrait pas lui-même pâtir ? »*[3]. Si le philosophe se questionne ainsi c'est parce qu'il remarque qu'il recherche au théâtre ce qui ne l'intéresse aucunement dans son quotidien. On comprend mieux son étonnement : pourquoi éprouve-t-il de la satisfaction en voyant un drame *au théâtre* alors qu'il éprouverait de la peine à être le témoin d'événements *réellement* tragiques ? On pourrait reprendre cet extrait de la préface rédigée par Racine au sujet de sa pièce *Bérénice* : *« les passions y [sont] excitées, et que tout s'y ressente de cette tristesse majestueuse qui fait tout le plaisir de la tragédie »*. La question est de savoir comment il est possible en tant que spectateur de ressentir le plaisir d'être triste, cette tristesse que Racine qualifie de « majestueuse » ! Notons que saint Augustin qui rejette son ancienne passion (qu'il condamnera) ne considère pas le théâtre comme un moyen lui permettant de réussir d'un point de vue imaginaire à éprouver ce qu'il aurait échoué à ressentir dans le réel. Le philosophe ne se dit pas : puisque j'aimerais voir souffrir les gens dans la réalité mais que la chose est impossible, alors je vais au théâtre pour observer des acteurs imiter les souffrances. D'où sa question : mais pourquoi diable alors apprécions-nous au théâtre de voir drames et tragédies ? Le théâtre n'est donc pas une compensation des frustrations. Comment donc se fait-il que certaines de nos satisfactions puissent se manifester dans le domaine artistique (le théâtre, le cinéma, le jeu vidéo) alors pourtant que nos soucis quotidiens ont d'autres objets de préoccupation ? De telles remarques rappellent cette même idée chez Aristote : comment expliquer le plaisir que l'on prend à contempler des peintures de cadavres et de charognes, alors que, dans la réalité, nous détournerions la vue, avec dégoût, de telles horreurs ? Le philosophe écrivait : « *nous avons plaisir à regarder les images les plus exactes des choses dont la vue est pénible dans la réalité, par exemple les formes d'animaux parfaitement ignobles ou de cadavres* »[4].

L'interrogation mérite d'être reprise pour l'appliquer au monde vidéoludique. N'est-il pas, en effet, surprenant, de constater qu'un joueur admire ce que pourtant il ne recherche aucunement dans la réalité ? Les joueurs aiment résoudre des énigmes et des puzzles, gérer des ressources dans un jeu de stratégie, combattre dans un jeu de guerre, vivre une aventure épique. Mais cela ne signifie aucunement qu'ils espèrent rencontrer un jour une situation où il leur faudrait réellement résoudre des problèmes logiques, gérer des ressources en temps de pénurie, combattre autrui, partir à l'aventure ! Nous pouvons admirer la retranscription réaliste des cadavres à l'époque de la peste dans le jeu *A plague Tale : Innocence* sans pour autant vouloir voir des cadavres ou vivre dans un monde rempli de charognes. Nous pouvons essayer un jeu d'épouvante narratif tel que *Until Dawn* ou la série des *Silent Hill* sans pourtant tenter l'aventure parce que nous regrettons de ne pas vivre dans de telles situations horrifiques. Ces remarques nous permettent d'interroger la notion de *simulation*. L'attitude du « comme si » (faire « comme si » on était en guerre, « comme si » on vivait une aventure) est donc une capacité qui ne répond pas à un désir refoulé. Elle n'est pas non plus une attitude qui espère se *rapprocher* de la réalité par une illusion graphique qui serait une illusion optique. Il faut penser cette faculté en tant que telle. Pour s'en convaincre, il suffirait d'imaginer le désarroi des jeunes enfants qui jouent aux pirates en croyant braver dangers et requins sur le matelas de leurs parents qu'ils prennent pour un radeau, et à qui on demanderait s'ils ne préféreraient pas être des pirates *pour de vrai* ! Les enfants ne jouent pas aux pirates parce qu'ils sont tristes ou frustrés de ne pas pouvoir l'être en vrai. De même, le fait de jouer au pirate n'a pas pour but de leur donner l'envie de le devenir socialement. Un joueur qui essaie une simulation sportive n'a pas nécessairement envie de pratiquer un sport. Un joueur qui s'essaie aux jeux de guerre n'espère donc pas être en guerre. Il ne regrette pas non plus de ne pas être réellement dans un conflit armé. Jouer n'est pas vouloir reproduire dans un monde imaginaire ce qu'on ne peut faire ou avoir dans le réel. *Pourquoi donc vouloir vivre de manière imaginaire ce qu'on ne souhaite pourtant pas vivre réellement ?* Tel est le défi que pose à nouveau le jeu vidéo puisqu'il révèle un trait de notre psychologie. Le philosophe Pierre Janet l'avait très bien rappelé : il considère que le jeu est une activité aussi étonnante que le portrait d'un ami. Le portrait est à la fois l'ami (il le représente) et ne l'est pas (c'est juste une image). Car les *attitudes* devant notre ami réel (le saluer, lui témoigner notre joie, le questionner) sont différentes de celles qu'on adopte face au portrait (on le regarde, le contemple, on le repose sur le meuble à la fin). Janet décrit alors le jeu des enfants ainsi : « *quand des enfants jouent à la bataille, il y a une bataille puisqu'il y a des combats et qu'à la fin il y a des vainqueurs et des vaincus, mais d'autre part on convient de ne pas se faire de mal les uns aux autres, ce qui est absurde dans une bataille, et à la fin aucun des belligérants n'est réellement supprimé ou exclus puisqu'ils fraternisent tous ensemble : c'est une bataille et ce n'est pas une bataille* »[5]. C'est ce paradoxe qu'il faut penser pour comprendre le jeu vidéo : jeu qu'on risque de mésinterpréter si on oublie cette subtilité.

Le poète Charles Baudelaire remarquait dans un poème en prose que certaines rêveries ne sont subordonnées à aucun projet réel : « *J'ai eu aujourd'hui, en rêve, trois domiciles où j'ai trouvé un égal plaisir. Pourquoi contraindre mon corps à changer de place, puisque mon âme voyage si lestement ? Et à quoi bon exécuter des projets, puisque le projet est en lui-même une jouissance suffisante ?* »[6]. Il nous faut reprendre son raisonnement qui rappelle le plaisir purement mental de voyager. Si on appelle fantasme ce qu'on imagine en espérant le réaliser bien qu'on n'ose pas encore l'accomplir (un fantasme sexuel par exemple), force est de constater que le jeu ne recherche aucunement ce genre de satisfaction (je souhaiterais violenter une personne, je le réalise dans le jeu). Nous découvrons alors un impensé concernant le monde vidéoludique, loin des préjugés qui le réduisent à des substituts : nous voulons rester chez nous tout en voyageant uniquement par l'imagination ; nous souhaitons *expérimenter* grâce au jeu, non vivre par procuration des *expériences* que nous n'aurions pu éprouver dans le réel. Nous recherchons une expérimentation à travers le virtuel et non l'assouvissement de ce qui n'a pu être réalisé sous forme d'expériences réelles. Il ne s'agit pas d'aller, à partir du désir, dans l'imaginaire vidéoludique parce que nous avons échoué à réaliser des projets ou parce que nous n'osons pas nous confronter au réel. Il s'agit plutôt d'éprouver les différents plaisirs procurés par la simulation : il existe un plaisir d'imaginer et un plaisir d'essayer de manière purement imaginaire. Critiquer le jeu vidéo, c'est donc s'interdire de comprendre la simulation et l'expérimentation imaginaire qui font partie intégrante de nos vies. Nous ne pouvons pas en effet éprouver les plaisirs que nous ressentons en jouant (faire « comme si ») en dehors du jeu lui-même. Raison pour laquelle nous ne visons ni à *retrouver* dans le jeu ce que nous aurions connu un jour au sein du réel, ni à nous *rapprocher* par le virtuel des sensations réelles que le jeu serait censé reproduire à sa façon. Le jeu n'est ni un substitut, ni une compensation. Autrement dit, ce n'est pas le contenu qui compte mais l'attitude : nous ne voulons pas faire « comme si » on avait des *expériences* réelles puisque c'est *l'expérimentation* du « comme si » qui importe. Trois attitudes existent donc. Tout d'abord, il y a un plaisir à imaginer *sans rien faire* : l'esprit vagabonde comme le rappelle Charles Baudelaire. En ce sens, nous aimons être des spectateurs purement contemplatifs. Ensuite, il existe un plaisir à imaginer *en faisant « comme si »* : c'est le cas de l'enfant qui veut être un acteur, et pas un spectateur, lorsqu'il imite les comportements du pirate et organise sa chasse au trésor. Enfin, il existe un plaisir à entrer dans le monde imaginaire proposé par un autre afin d'y agir pour répondre à ses défis : c'est le cas du jeu vidéo. Nous faisons cette fois-ci « comme si » nous agissions dans cet univers en acceptant de faire « comme si » il était réel.

Une remarque supplémentaire

L'analyse du jeu est également cruciale en ce qu'elle nous permet de mieux nous comprendre. Nous aurons l'occasion d'approfondir ce point, mais le jeu n'est pas seulement une activité momentanée *à côté* d'autres activités non ludiques. Cette impression (fausse) est trompeuse. Jouer est une tentation permanente qui peut être présente à tout moment à travers chacun de nos comportements. Nous jouons « avec » nos capacités, avec l'autre, avec nos représentations. Pierre Janet l'a très bien rappelé : « *Nous jouons avec la parole, avec le raisonnement, avec l'enseignement même. Est-il bien certain que dans nos conférences, prétendues scientifiques, il n'y ait pas une part de représentation, de comédie, d'exhibition et que nous ne cherchions les uns et les autres à nous intéresser, à nous exciter, à nous amuser au hasard, plutôt qu'à faire des découvertes scientifiques* »[7]. Lorsque nous nous séduisons, nous jouons aussi aux séducteurs. Nous jouons aussi avec les émotions d'autrui, à différer le plaisir, à donner l'impression d'être indifférent. Lorsque nous travaillons, nous pouvons jouer en prenant trop au sérieux notre rôle, ou jouer en tournant en dérision nos prétentions ou nos discours. Dans l'intimité, nous pouvons jouer avec le plaisir de l'autre. Lorsque nous répondons à une question, nous pouvons aussi nous amuser à différer notre réponse pour jouer avec la patience de notre interlocuteur. Jouer est donc bien une attitude générale qui investit la totalité du champ de l'expérience. Ce n'est qu'ensuite que des formes de jeux particuliers se marginalisent ou se concrétisent pour devenir volontairement autonomes et détachées des autres comportements (jeux de cartes, de dominos, jeux de sociétés...). Dans ce dernier cas, on a l'impression que le jeu est bien à côté des autres activités sérieuses de la vie quotidienne. Pierre Janet le rappelle encore lorsqu'il affirme que le jeu prend comme objets toutes nos tendances : *« Les animaux puis les hommes ont appris à jouer avec toutes les tendances, à tirer parti pour les triomphes prématurés de l'alimentation, de la boisson, de l'amour, du combat, de la parole, etc. »*[8].

L'être humain est donc capable d'avoir une représentation de ses comportements qu'il prend comme « objets » pour jouer avec eux. Il suffit d'observer l'enfant qui grandit en apprenant à parler et à marcher afin de réaliser que le jeu ne précède pas les tâches intellectuelles ou manuelles sérieuses, ni ne leur succède : il est constamment présent. Ce que le texte cité dans le paragraphe précédent rappelle ainsi que le début de cet autre : *« Pour arriver un peu à comprendre les conduites intellectuelles, nous avons besoin de rappeler quelques notions sur les actes de jeu d'où elles sortent souvent »*[9]. Ainsi, l'enfant qui apprend à maîtriser des objets apprend à jouer avec en les jetant ou en les cachant. L'enfant qui apprend à courir et à marcher apprend à se camoufler derrière le rideau pour amuser l'adulte. L'enfant qui essaie de parler apprend à exagérer la prononciation des mots, ou à provoquer l'adulte en murmurant des mots interdits (etc..). Le jeu est donc une conduite qui empiète sur la totalité de notre vie. Il nous dévoile le fait que nous transformons les lieux en représentation afin de nous considérer nous-mêmes comme des personnages. Il nous dévoile encore le fait que nos capacités sont des outils qu'on prend comme des jouets : nous nous mettons en scène devant autrui tout en le transformant en spectateur d'une scène que nous inventons. Dans une analyse célèbre, le philosophe Jean-Paul Sartre appelait « salaud » celui qui cherchait à coïncider parfaitement avec son personnage (social ou professionnel) au point de répéter mécaniquement ses gestes et ses répliques. Sa célèbre analyse du garçon de café qui « joue » au garçon de café à travers sa gestuelle et ses phrases, le rappelle[10]. Le philosophe français est peut-être trop sévère en séparant ainsi le personnage (qu'il méprise puisqu'il incarne un rôle figé) et la personne (identité non fixée capable de se transformer et de s'inventer). Montaigne, selon nous, était bien plus perspicace en rappelant que *« nous ne savons pas distinguer la peau de la chemise »*[11]. Cette formule signifie ceci : si je porte une chemise trop collée à ma peau parce qu'elle fusionne avec moi, alors je coïncide avec un rôle et je deviens un personnage (je joue à être un maire, à être le bon père de famille, à être le bon voisin et donc à me réduire à de tels rôles). Si je ne porte pas de chemise, ou si elle est trop distincte de moi au point qu'elle se sépare de ma peau, alors je me comporte dans la vie comme si je n'avais aucun rôle à jouer (la chemise s'enlève et je la considère comme totalement extérieure à moi) : je refuserais alors d'endosser mes responsabilités. Je me permettrais de faire comme si je n'étais pas un maire, un père de famille, un voisin. Or, la difficulté consiste au quotidien, et constamment d'après Montaigne, à trouver le juste équilibre entre les deux. Il ne faut pas trop nous prendre pour un maire de village, car nous ne nous réduisons pas à ce rôle. Mais il faut quand même accepter de faire comme si on était un maire, car on a réellement des responsabilités quand on a un tel poste. Par conséquent, le jeu et l'importance du concept de personnage ne sont en rien secondaires et accidentels. De telles réflexions indiquent que le jeu n'est pas qu'une activité totalement dissociée des tâches de la vie quotidienne. Aussi, une analyse du jeu vidéo et de celui qui le pratique, nous permettra en retour de découvrir des traits de notre propre psychologie d'être humain (et pas les traits du joueur exclusivement). Nous découvrirons ainsi que les personnes reprochent au passionné de jeux vidéo de nombreuses attitudes qu'elles répètent pourtant dans d'autres contextes dont elles n'ont même pas conscience. De même, certaines satisfactions éprouvées par un joueur sont également présentes chez ceux qui ne pratiquent pas cette activité. Si la description de certains aspects du profil psychologique d'un joueur informatique nous permet en retour de déceler ses points communs avec celui qui ne joue pas, peut-être alors que ce dernier apprendra à percevoir ce qu'il a par moments en commun avec celui qu'il a injustement critiqué.

Petits jugements hâtifs sur le jeu vidéo

Il serait fastidieux de répertorier la liste de tous les préjugés maladroits pour les combattre. Néanmoins, il existe une série d'indices qui, à travers les discours critiques, témoignent de leurs maladresses. Des signes prouvent, dans la construction même des arguments et des démonstrations, leur fragilité. Donnons au lecteur une liste de certains d'entre eux. La plupart du temps, les personnes qui jugent de manière négative le jeu vidéo tournent leur attention soit sur ce qui est présent à l'écran (le jeu), soit sur les réactions de celui qui lui fait face (le joueur). Elles jugent donc soit un contenu : ce qui est présent sur un écran avec ses qualités et ses défauts (visuels, sonores, scénaristiques) ; soit les attitudes du joueur : ses réactions et ses émotions (manifestation de la colère, confinement durant des heures dans sa chambre, rêveries, etc.). De tels reproches ont donc systématiquement occulté le plus important, à savoir : l'interaction (jouer). L'analyse n'a jamais porté son attention sur ce que *jouer* signifie. Le joueur et le jeu ont été jugés sans analyse sur la médiation. C'est pourtant cette dernière qui nous permettrait de comprendre correctement les réactions du joueur et les qualités du jeu lui-même. Ainsi, le critique peut observer de l'extérieur une irritation chez un joueur et se plaindre alors des excès de colère que le jeu vidéo produit en lui. Pourtant, comprendre ce que jouer veut dire lorsqu'il est question d'expérimenter de nombreux jeux d'actions ou de plateforme, aurait permis au critique de réaliser que de tels jeux sont inséparables d'un *enseignement* qu'il n'a pas su deviner. Car de tels jeux ont bien pour objectif de créer de l'exaspération ! Mais ils veulent nous faire comprendre qu'il est cependant nécessaire de triompher de notre énervement pour réussir une tâche et avoir le sentiment de progresser. S'il n'existe aucun énervement, c'est qu'il n'existe aucun obstacle dont on doive triompher. S'il n'existe aucun obstacle, il n'existe aucune difficulté et donc aucun sentiment de perfectionnement chez le joueur. Jouer nous apprend que l'énervement empêche toute concentration efficace. Cela nous apprend que plus l'énervement est grand, plus le risque d'échouer l'est également. Jouer suppose dans de tels cas d'apprendre à gérer l'irritation en cultivant persévérance et patience. C'est exactement cela que cherche à *enseigner* ce genre de jeux. Plus nous apprenons à contrôler notre colère, plus la gratification sera grande puisque nous multiplions les chances de réussite. De tels jeux nous font donc *comprendre* qu'il importe de maîtriser nos émotions : le débordement de la colère exprime ici un échec. Se laisser envahir par elle est donc, certes, une réalité. Mais la critique ignore du coup qu'il nous faut apprendre à *dépasser* la colère, non à *rester* en elle. L'énervement est bien une épreuve *imposée* qu'il nous faut dompter pour espérer pouvoir continuer. Ce qui donne sa valeur à la réussite. Celui qui observe de l'extérieur le comportement du joueur ne perçoit que des réactions sans comprendre ce que lui révèle son activité : « je vais volontairement chercher à t'énerver puisque la colère va te faire échouer. Tu dois alors comprendre que seule ta maîtrise et ta patience permettront ta réussite ». Le jeu exige de *surpasser* sa colère : il la provoque tout en nous demandant de développer des stratégies pour la canaliser. Sans difficulté, sans acharnement, l'idée de triomphe est même impossible comme le remarquait subtilement le philosophe John Locke[12]. Nous aurions sobrement affirmé « J'ai réussi » et non « J'ai triomphé ». Si nous multiplions les chances de réussite en domptant nos colères, nous comprenons alors que la maîtrise de soi a des avantages par rapport au fait de se laisser envahir par l'émotion.

Il existe un deuxième indice qui dévoile les inepties des critiques qui ratent leur cible sans le savoir. Tout reproche est vain si celui qui dévalorise le jeu vidéo ne mentionne jamais l'existence des différentes manettes propres aux consoles ou aux ordinateurs. Les manettes font en effet partie de l'interface qui relie le jeu aux joueurs. Il est évident que la nature de nos expériences, des jeux proposés ainsi que le sens du verbe jouer seront différents selon que l'on utilise : une interface clavier-souris ; un joystick du type Atari VCS 2600 avec un seul bouton pour la totalité des actions ; une manette avec une croix directionnelle ; une télécommande Wiimote avec détecteur de mouvement ; une manette dotée d'un stick analogique qui permet le plus souvent une gestion de la physique ; une manette qui intègre un système de vibrations, de touches haptiques et de gâchettes à pression. Non seulement ce qu'on appelle le gameplay dépend de telles manettes mais il est évident que le type de jeux et l'intérêt qu'ils suscitent n'existent qu'en fonction de tels systèmes. Des genres de jeux ne pourraient tout simplement pas exister sans certaines manettes et les possibilités qu'elles déploient. Il serait ainsi impossible d'imaginer *Shenmue* sur Dreamcast qui mélange aventure, combat et exploration, puis Quick Time Event (QTE) avec un simple joystick doté d'un seul bouton tel que celui du vieil Amstrad CPC 464. Inversement, un jeu sportif (jeu de tennis) sur une Wii U dotée d'une télécommande avec détecteur de mouvement, et nous demandant de mimer certains gestes, ne posséderait plus aucun intérêt avec une manette dotée d'une croix directionnelle munie de boutons à pression pour actualiser les effets (slice, lift, coup à plat). On ne peut donc comprendre l'expérience vidéoludique sans les phases interactives qui doivent être apprivoisées. Imaginons la différence entre celui qui perçoit pour la première fois un silex taillé et celui qui apprend à le confectionner et à l'utiliser. Dans le premier cas la personne pourrait rester indifférente au caillou travaillé alors que dans le second cas elle apprendrait à mieux le comprendre et à en percevoir la beauté grâce à l'apprentissage des techniques complexes pour le réaliser. La même différence existe entre percevoir un jeu sans jamais avoir essayé de jouer ; et essayer de jouer en apprenant à apprivoiser interface et gameplay. Une telle différence correspond à celle qui existe entre voir une chose sans savoir comment la construire ou l'utiliser, et percevoir cette chose en ayant appris à la réaliser ou à en faire usage. Celui alors qui juge le jeu sans prendre comme référence l'interface qui nous relie à lui ne peut donc par principe émettre aucune critique pertinente. Il est nécessaire de comprendre un gameplay et par conséquent les manettes qui le rendent possible.

Rater l'analyse du verbe jouer comme ignorer l'interface sont deux maladresses récurrentes, inséparables cependant d'une troisième. Les critiques parlent la plupart du temps, hélas, des jeux vidéo « en général ». Or, il n'existe aucun sens à en parler de manière générique. Il n'existe que des types de jeux sans aucun point commun : jeux de plateforme ; jeux d'action ; point & click ; jeux de rôle ; jeux de survie ; casse-briques ; roguelike ou roguelite ; hack & slash ; enquêtes policières ; jeux narratifs ; jeux de combats ; jeux de gestion ou de simulation ; jeux au tour par tour ; simulation sportive ; Full Motion Video (FMV) ; Rail shooter (en voie de disparition) ; Metroidvania ; Dungeon crawler ; Tower Defense ; simulateur de marche (…). Bref, il n'y a guère de sens à évoquer le jeu en général. Non seulement en raison de leur diversité, mais en raison également du fait que certains d'entre eux ne peuvent exister que sur des générations de consoles très précises (des jeux de rôles comme *Morrowind* sont inconcevables sur les vieux Atari, Amstrad ou Amiga). De telles conséquences montrent en retour qu'il n'y a pas de rigueur non plus à parler de joueur « en général ». Les attentes, l'intérêt comme les investissements à l'égard des jeux flash en ligne ne sont aucunement identiques aux intérêts que portent d'autres personnes aux grands jeux de rôles grâce aux consoles nouvelle génération (impossibles sur d'anciennes machines dont les capacités rendaient inconcevables les mondes ouverts par exemple. Impossibles encore avec le format flash en ligne). Il est donc pour les mêmes raisons aussi difficile de parler en général des jeux vidéo que d'évoquer de manière générale le « joueur » de jeux vidéo. La personne qui aime jouer au billard n'aura pas nécessairement grande motivation pour jouer à la poupée ou aux billes. De même, celui qui aime s'engager dans les jeux de simulation pourra n'avoir aucun intérêt à tenter des jeux basés sur des réflexes. Les attentes, les finalités comme les capacités qu'on nous demande d'utiliser sont si différentes qu'il semble désespérant de croire pouvoir parler sans utiliser un pluriel (« les joueurs », « les jeux »). Il est difficile de croire qu'on puisse comprendre des individus en les rangeant dans la catégorie unique de « joueurs » si l'un apprécie les simulations sportives alors que l'autre n'apprécie que les jeux de guerre en ligne. Dans le domaine du jeu vidéo, les définitions sont délicates puisque les jeux évoluent en fonction de la technologie : de nombreux joueurs peuvent socialement apparaître parce qu'ils trouvent de l'intérêt à certains genres de jeux devenus techniquement possibles. Il est probable que peu de joueurs puissent réellement retrouver de l'intérêt pour les jeux vidéo des années 80. Le jeu vidéo dépend donc de ce que « peut » être la technologie. Raison pour laquelle chaque génération de consoles prétend apporter un type de jeux inédits. La Dreamcast de Sega avait ainsi proposé *Shenmue,* un jeu qui combinait plusieurs genres autrefois impossibles (exploration dans un monde non générique, action, combat de type arcade, cinématiques interactives, jeux dans le jeu). Aujourd'hui la console de Microsoft Xbox Series propose le jeu *Medium* qui permet à un personnage d'être présent dans le monde des vivants et des morts à l'intérieur d'un écran splitté, afin de résoudre des énigmes. Une telle prouesse est impossible sans certains processeurs graphiques et une puissance de calcul.

Il faudrait donc, on le comprend, commencer par les définir à partir d'une typologie comme l'avait déjà tenté Roger Caillois il y a longtemps[13]. Ce dernier distinguait les jeux de compétition (*agôn*), les jeux de hasard (*alea*), les jeux d'ivresse (i*linx*) et ceux qui exigent d'incarner un personnage (*mimicry*). Sans rentrer dans de tels détails, il devient par conséquent évident que les phrases stéréotypées telles que : « Les jeux ont tels effets, engendrent de la violence, provoquent un désinvestissement social, incitent à nous éloigner du réel » ne sont du coup ni vraies ni fausses. Elles sont vides en raison de leur généralité. Le logicien Bertrand Russell a montré que de nombreuses phrases en apparence descriptives (décrire comment est le réel) ne sont tout simplement ni vraies ni fausses en raison de leur trop grande généralité. D'après lui, une phrase telle que « *Les lapins sont plus gros que les rats* » n'est ni vraie ni fausse puisqu'il manque des compléments d'information pour la juger. Il existe plusieurs races de chats et de lapins, de même que des différences de taille entre des chatons et des chats adultes ; et entre de jeunes lapins et des lapins plus âgés. Nous avons ainsi l'impression de décrire l'état du réel en affirmant que des lapins sont plus gros que les chats sans nous apercevoir d'une généralité qui nous interdit de pouvoir donner à la phrase une table de vérité. Si la phrase « Les lapins sont plus gros que les rats » n'est ni vraie ni fausse cela signifie également que la phrase contraire n'est, elle non plus, ni vraie ni fausse[14]. Il n'est donc ni vrai ni faux d'affirmer qu'un jeu est violent ou incite à la violence. Pour la simple et bonne raison que le jeu « en général » n'existe pas. Dès qu'une personne émet un jugement sur le jeu vidéo sans mentionner le verbe jouer, l'interface, le type de jeux en question, nous savons qu'elle émet par principe un jugement erroné, maladroit ou vide.

Les triples objectifs de cet ouvrage

La dénonciation des faiblesses contenues dans de nombreuses critiques permet de porter notre attention sur ce qu'elles ratent : l'analyse de ce que jouer signifie, l'importance de l'interface, le fait que le jeu 'en général' n'existe pas. La finalité de notre ouvrage reste cependant bien modeste. Il entend surtout dénoncer des préjugés tenaces sur l'univers vidéo-ludique, liés aux images caricaturales, aux fausses questions ainsi qu'au regard partial et partiel. Un joueur aura très certainement entendu à plusieurs reprises ces éternelles critiques lui rappelant que le jeu vidéo incite à la violence et à l'agressivité ; que sa trop forte fréquentation finit par provoquer une déréalisation de ses perceptions en brouillant les frontières du réel et du virtuel ; que le jeu détourne du monde du travail jugé plus sérieux et utile. L'image qui lui est associée est celle du hikikomori, cette personne devenue au Japon incapable de sortir de chez elle et de se consacrer aux activités sociales ; ou celle encore de l'otaku, cet individu qui se complaît de manière obsessionnelle dans une activité d'intérieur. Il s'agira donc ici de donner des armes au lecteur passionné par le jeu vidéo pour désamorcer de tels reproches en les retournant contre ceux qui les brandissent de manière présomptueuse. Nous découvrirons que les jugements sévères sont le plus souvent des reproches qui confondent deux choses : tout d'abord, la représentation que les gens se font du jeu vidéo ne correspond aucunement le plus souvent à ce qu'est réellement le jeu vidéo ; ensuite, certaines critiques pointent du doigt des défauts qui ne sont pas spécifiques au jeu en général mais à plusieurs activités de la condition humaine (jouer, lire, rêver, visionner un film). Autrement dit, certains dangers ou défauts ne sont, certes, pas inexistants, loin de là, mais ils sont si généraux qu'ils peuvent être attribués à la plupart des situations de notre vie (nous le verrons). Il faudrait alors distinguer les problèmes *généraux* qui s'appliquent à un ensemble d'activités, et les problèmes *spécifiques* qui seraient uniquement ceux du jeu vidéo lui-même. On progresserait ainsi dans la compréhension du monde vidéoludique si on gardait à l'esprit la différence entre ces deux questions afin d'éviter soit de le diaboliser soit de l'angéliser. Mais la difficulté reste tenace puisque les éventuels problèmes spécifiques du jeu vidéo ne pourraient s'appliquer que si « le » jeu vidéo existait. Or, précisément, il s'agit là d'une erreur.

Donnons un exemple. On ne peut reprocher « au » monde vidéoludique d'être un intermédiaire permettant de fuir la réalité. Mais que faut-il entendre par ce terme : ce qui existe seulement à notre époque (et qui suppose de privilégier notre point de vue social) ? Mais ne faut-il pas inclure le passé et l'ensemble du monde géographique et culturel pour parler du réel ? Clovis, la première guerre mondiale ou le coup d'État en Iran en 1953 font tout autant partie du réel (certes passé), permettant en retour de mieux comprendre le monde d'aujourd'hui. Or, à ce sujet, force est de constater que plusieurs jeux éducatifs nous renseignent sur des pans entiers de la réalité ainsi comprise (passée ou éloignée géographiquement) : le jeu éducatif *Les soldats inconnus* nous explique le fonctionnement de la première guerre mondiale, ses causes, les nombreuses conditions des soldats dans les tranchées puis les inventions de l'époque (l'usage du gaz moutarde), et ce, de manière détaillée. De nombreux jeux de simulation permettent également d'apprendre des pans entiers de l'histoire. Ainsi *The Oregon Trail* nous met dans la peau de quatre colons devant partir du Missouri pour se diriger vers Willamette Valley dans l'Oregon. Les événements se déroulent en 1848. Le joueur doit réussir à survivre lors de son voyage au contact de situations aléatoires qui, cependant, reproduisent plus ou moins fidèlement ce à quoi de véritables colons ont été confrontés. Nous découvrons ainsi des conditions de vie difficiles tout en apprenant en même temps les stratégies inventées par les Américains de l'époque pour survivre. Dans *Plague Inc : Evolved* le joueur incarne un virus et doit réussir à se propager sur les continents en contrant les différents moyens de défense inventés par les humains. En fonction des virus que nous manipulons, nous apprenons aussi bien comment ces derniers se développent et se propagent que les moyens de défense des êtres humains. Le joueur doit ainsi comprendre le mode de réplication de son virus pour réussir à envahir la planète. En jouant ainsi avec un ennemi de l'être humain, nous apprenons d'un point de vue biologique et sanitaire le mode de déploiement réel des virus, de manière ludique. Plusieurs jeux indépendants nous permettent de découvrir des aspects ignorés ou mal connus des cultures. Le jeu indépendant *Torn Away* s'inspire du vécu des enfants russes lors de la seconde guerre mondiale, qui consignaient sur des cahiers leur quotidien. La série *Beholder* nous propose d'incarner le gérant d'un immeuble en plein communisme afin de surveiller ses habitants en reproduisant des situations connues par les personnes de cette époque. Le jeu, à nouveau, s'inspire de faits réels, pour dévoiler la complexité des situations que bon nombre d'entre nous seraient loin de soupçonner. Il est donc maladroit de considérer qu'un jeu nous éloigne du réel. Même dans les jeux violents, la réalité est présente à travers la fiction. Car ces derniers révèlent des traits de la nature humaine, ses vices. *GTA V* est violent : meurtres, scène de prostitution, règlement de comptes, braquage de banque, grossièretés. Mais la prostitution, la violence, les gangs et la grossièreté ne font-ils pas partie de la réalité ? Reproche-t-on donc au joueur de fuir le réel, ou reproche-t-on au jeu de montrer des aspects du réel que certains préfèrent ne pas connaître ?

Si notre objectif premier dénonce des préjugés infondés, notre second consiste à distinguer des niveaux d'analyse qui, le plus souvent, sont confondus et qui sont responsables de faux procès. Il ne faut pas confondre en effet : ce que sont les choses (leur nature), ce qu'on peut en faire (leur usage) et ce qu'elles font sur nous (leurs effets et, par conséquent, leurs inconvénients et leurs avantages). Nous pouvons par exemple montrer que l'eau est utile pour notre organisme (besoin de s'hydrater) ou dangereuse dans une situation (respirer sous l'eau sous peine de se noyer). Nous pouvons montrer qu'il est utile de l'utiliser pour faire bouillir ou cuire des aliments. Mais dresser la liste de ses avantages et de ses inconvénients ne permettra pas de comprendre *ce qu'est* l'eau : H_2O (un atome d'hydrogène, deux atomes d'oxygène). De même encore, pour prendre un exemple plus complexe, il est possible de dresser l'inventaire de tout ce que le langage permet : nous représenter des choses absentes, communiquer des informations à autrui, mentir ou dire la vérité, parler « sur » quelque chose pour la définir et lui attribuer des qualités. Mais la liste de tels usages ne nous permet pas de comprendre totalement ce qu'il est, à savoir, comme le prétendent de nombreux linguistes, un système à double articulation entre monèmes (plus petite unité signifiante) et phonèmes (plus petite unité de son)[15]. On découvre ainsi de manière capitale que l'analyse d'une chose au nom de son utilité ou de son inutilité, au nom même du Bien et du Mal, ne nous renseigne aucunement sur son être (ce qu'elle est). Ce que rappelait justement le philosophe Spinoza[16]. Aussi, lorsqu'on prétend parler du jeu vidéo en dénonçant ses dangers, on ne propose aucune définition du jeu vidéo lui-même. Mais surtout, la critique du jeu vidéo sous prétexte qu'il possède différents inconvénients reste maladroit. Pour le comprendre, établissons une analogie avec le travail du biologiste qui étudie un organisme vivant. Un biologiste est capable de dresser la liste des avantages et des inconvénients de traits anatomiques ou physiologiques : le cœur permet l'oxygénation des organes (avantage) même si existent : crise cardiaque, tachycardie ou risque également d'œdème au poumon en haute altitude (inconvénients) lorsque le cœur est obligé de battre plus fort afin de produire plus de globules rouges. Mais le biologiste comprend que la somme des avantages doit l'emporter sur la somme des inconvénients : on dira ainsi que le bilan statistique des mécanismes fonctionnels est positif. Or, il faudrait être capable d'approcher le jeu vidéo de la même manière : il ne faut pas constater que des inconvénients sont présents ; il faudrait plutôt savoir si la somme des avantages est supérieure à la somme des inconvénients. À quoi bon dénoncer certains méfaits, si les bienfaits l'emportent ? Cela change tout. Il se trouve qu'un tel travail n'a guère été entrepris par ceux qui condamnent aveuglément alors qu'il aurait plus de sens et de pertinence. En l'état, la critique est stérile.

Il convient également de distinguer l'essence d'une chose de l'usage que les êtres humains lui procurent par dérivation. Considérons un exemple simple : l'invention du tournevis. Celui-ci a une fonction et a une utilité pré-déterminée par ses concepteurs. Bien évidemment il est possible de doter un tournevis d'un usage différent, de réorienter sa fonction par rapport à celle d'origine. On peut ainsi l'utiliser comme arme pour assassiner une personne. On ne pourrait cependant reprocher aux inventeurs ni leur création ni le détournement de sa fonction par autrui. Toutes les réalisations humaines sont en effet susceptibles d'un détournement et même de malentendus et d'incompréhension. De telles précautions sont à appliquer au jeu lui-même. Il faut rappeler que ce dernier est une réalisation qui répond aux ambitions des programmeurs eux-mêmes. Il serait ainsi absurde de lui reprocher ce qu'il est au vu de ce que certains en font. Critiquer un jeu sans prendre la peine d'interroger les intentions des programmeurs qui le conçoivent est donc injuste. Croire que les concepteurs doivent anticiper les conséquences de leurs inventions nous semblent problématique, puisque, comme nous le constaterons, toute invention produit une quantité d'effets indésirables, et ce, nécessairement (ce qu'on nomme parfois « l'effet cobra », que nous mentionnerons le moment venu). L'être humain peut toujours détourner une invention de sa fonction. Le psychanalyste Serge Tisseron répertorie par exemple l'usage que certains adolescents font des jeux vidéo en raison de leurs blessures et traumatismes. Il raconte l'anecdote suivante : un jeune garçon a dans sa vie privée une relation défaillante avec son propre père qui le délaisse, sauf une fois par an, lorsqu'il l'emmène au salon aéronautique du Bourget pour assister aux performances des avions militaires. Le jeune adolescent alors, de manière visiblement compensatoire, pratiquait les jeux de guerre dans le Pacifique en contrôlant un avion de chasse, symbolisme de son attachement au père[17]. Il est évident que nous avons ici un usage que le jeu vidéo ne prétendait aucunement avoir, et qu'on ne peut par conséquent reprocher à un jeu de servir de substitut. Le jeu n'a pas été inventé pour cela quand bien même certains le dotent intelligemment d'une telle fonction. Il existe donc une réelle différence entre inventer un jeu de guerre réaliste tel que *Call Of Duty* parce que les programmeurs reconstituent des conflits ayant existé ou parce qu'ils souhaitent simplement en inventer ; et concevoir une simulation de guerre pour réellement former des soldats. La différence entre les intentions n'est pas négligeable malgré la similarité de l'expérience visuelle, puisque des divergences cruciales leur seront associées : entre acheter un jeu de guerre chez un marchand pour jouer seul chez soi sur console, et entrer dans un lieu reconnu par l'institution afin de suivre des formateurs professionnels qui nous apprennent à devenir des combattants, via une simulation virtuelle, et ce, en intégrant des équipes qui ont ensuite pour but d'être recrutés professionnellement, la différence n'est pas secondaire !

Enfin, s'il est nécessaire d'établir une meilleure compréhension du jeu vidéo, cette dernière nous permettra de mieux en évaluer les qualités et les défauts. Il ne faut pas juger sans comprendre ni substituer à l'analyse le jugement mais procéder à une analyse pour établir les conditions d'une juste critique. Nous espérons aussi bien comprendre le jeu vidéo que découvrir son intérêt. Cette dernière précision étant clarifiée, abordons alors une autre prétention inhérente à cet ouvrage et que le lecteur a certainement soupçonné. Recourir aux questionnements, aux raisonnements et aux exemples le plus souvent philosophiques sera pour nous nécessaire. C'est la méthode qui sera utilisée pour dérouter le lecteur et le critique afin de les étonner. Notre livre souhaite en même temps éveiller chez le lecteur une curiosité pour la philosophie et la connaissance en général. Bref, les arguments au sein de ce livre sont des moyens utilisés en vue de comprendre les jeux aussi bien que l'intérêt qu'ils possèdent : mais le jeu vidéo lui-même devient en retour un prétexte pour, nous l'espérons, produire chez le lecteur une certaine affection à l'égard de la philosophie et du savoir. Lorsqu'on aime en effet un domaine (ici le jeu vidéo) comment ne pas finir par apprécier également l'argumentation qui cherche à le valoriser ? Comment ne pas apprécier la discipline (ici la philosophie et même les sciences) qui défend ce que nous aimons ? Si le lecteur est convaincu par nos démonstrations et nos exemples qui définissent le jeu tout en mettant en valeur nombre de ses qualités, peut-être alors finira-t-il par percevoir autrement cette noble discipline réputée aride et austère. Il est évident qu'un philosophe n'apprendra au contact de ce livre aucun argument qu'il ne connait déjà : mais il percevra peut-être autrement le monde des jeux vidéo qu'il ignore ou qu'il a injustement dénigré ; inversement, il est fort possible qu'un joueur n'apprenne au sein de cet ouvrage que peu de choses sur le monde des jeux. Il est en revanche possible qu'il découvre des démonstrations philosophiques qui aviveront son intérêt si, en plus, il peut y recourir contre ceux qui prétendent dévaloriser sa passion. L'ouvrage en question ne prétend pas être une somme épuisant la totalité des aspects. Il se contente de manière plus humble de dresser les grandes lignes directrices qui nous semblent les plus cruciales.

PARTIE 1 :
De l'originalité des jeux vidéo

1.1 L'art de la mise en scène

La réalisation d'un jeu vidéo est inséparable d'un travail sur la mise en scène. C'est à travers elle que le personnage, les thèmes ainsi que les décors se présenteront à nous. Le personnage, à vrai dire, n'est qu'un élément secondaire parmi un montage plus vaste et plus global. Résumons la thèse que nous allons progressivement défendre : un joueur ne s'identifie pas à son personnage. Il se trouve plutôt projeté « avec » un personnage au sein d'une mise en scène. Le jeu vidéo permet de construire des plans et des séquences du même genre qu'au cinéma, tout en proposant grâce à la programmation informatique des nouveautés impossibles sans elle. L'un des membres de l'équipe de tournage de Hitchcock a inventé ce qu'on appelle « le travelling compensé ». Dans le film *Vertigo*, le célèbre réalisateur essaye de représenter à l'écran le vertige du personnage incarné par James Stewart, grâce à un procédé qui consiste à fixer avec la caméra un objectif, tout en la reculant ou en l'avançant en dézoomant au même rythme. Ce qui engendre une étrange distanciation entre arrière-plan et premier plan. Cette technique est reprise et utilisée par Spielberg dans certains de ses long-métrages. Dans les Westerns Spaghetti de Sergio Leone, des personnages sont filmés de très loin pour donner l'impression de leur petitesse dans l'immensité d'un paysage (ils sont ainsi situés à l'arrière-plan d'une nature qui, elle, est mise au premier plan), avant d'être ensuite montrés au sein de gros plans qui dévoilent leurs émotions et leurs visages torturés (ils sont cette fois-ci au premier plan, et la nature devient le décor en fond). Il s'agit de techniques pour mettre en scène et suggérer des émotions et des sentiments. Il est étonnant qu'on n'ait pas rendu hommage au monde vidéoludique qui exploite et crée de nombreux artifices similaires de mise en scène. Les cinéphiles admirent les nombreux réalisateurs qui rappellent qu'une caméra est un œil nouveau capable de montrer le réel selon des angles inédits. Robert Bresson a pu ainsi écrire en ce sens : *« Ce qu'aucun œil humain n'est capable d'attraper, aucun crayon, pinceau, plume de fixer, ta caméra l'attrape sans savoir ce que c'est et le fixe avec l'indifférence scrupuleuse d'une machine »*[18]. *L'homme à la caméra* (1929) de Dziga Vertov est un classique du cinéma russe qui montre le réel sous de tels angles insolites. Très étrangement, dès qu'il s'agit de la programmation informatique, la quantité de plans inédits et originaux, le travail pour mettre en scène des événements, pour construire des perspectives ou établir un montage entre elles, ne semblent plus retenir l'attention des essayistes.

Or, si le jeu vidéo reproduit ce que le montage cinématographique autorise (incrustation d'images, images se déroulant à l'envers, pauses lors d'un menu), il démultiplie pourtant de telles possibilités en en inventant de nouvelles. On comprend alors pourquoi, contrairement à une idée reçue, il n'y a aucun intérêt à analyser un film et même un jeu en se concentrant uniquement sur les personnages, les émotions et l'histoire. Il faut bien plus profondément analyser la construction des plans, des séquences qui nous les dévoilent. La mise en scène se compose de parties (personnages, situations, émotions) qu'on ne peut abstraire de la totalité. La preuve de cette mise en scène se vérifie par le fait que tout programmeur qui conçoit un jeu doit réfléchir en amont sur la manière dont se présenteront au joueur l'aventure et le visuel : le personnage manipulé par le joueur devra-t-il traverser des décors fixes en passant d'un plan à un autre (lesquels ressemblent alors à des tableaux) ? Devra-t-il plutôt parcourir des scrolling horizontaux animés et continus ? S'agira-t-il d'un monde en trois dimensions, ou s'agira-t-il d'alterner entre dimensions en 2D puis en 3D ? Il faut donc reprendre ce reproche que le psychanalyste Didier Anzieu a adressé au fondateur de la psychanalyse (Freud) qui cherchait à analyser les œuvres d'art, et l'appliquer aux critiques du monde vidéoludique. Didier Anzieu a remarqué de manière pertinente que la psychanalyse s'est trop focalisée sur les *thèmes* alors qu'il lui aurait fallu au contraire considérer *le style*[19]. On peut découvrir qu'un peintre alcoolique reproduit des cafés et des commerces remplis de bouteilles et de verres d'alcool dans ses tableaux. En ce sens, on retrouve bien dans la vie de l'auteur des thèmes qui seront présents dans son œuvre (alcoolisme, boissons, addiction). Mais cela n'explique en rien le plus important : le style du peintre, et par conséquent, les manières dont les lieux et les cafés sont représentés (styles fauviste, réaliste, impressionniste ou cubiste). Les analyses critiques sur le jeu vidéo souffrent de la même faiblesse : elles répertorient certains thèmes (guerres, violences, assassinats, compétitions) sans analyser le style (réalisme, Cel Shading, dessins peints à la main, pixel art, dessin animé ou animation) et la mise en scène (vue isométrique, incrustation de cinématiques, scrolling horizontal et/ou vertical, plans fixes, vue TPS ou FPS, etc...). Concernant le style, comment ne pas rappeler leur diversité et leur originalité : Cel Shading (*Jet Set radio*), pixel art retro (*Punch Club 2*), style dessin animé (*Cuphead, Dragon's Lair*), dessins peints à la main (*Creaks*), graphisme basé sur des décors de papier ciselé (*Paperate*), style cartoon (*Memory of Us*), graphisme de type aquarelle (*Dordogne*) ou imitant l'impressionnisme picturale de manière animée (*11-11 Memories Retold*), graphisme reproduisant les manuscrits enluminés et les gravures sur bois du Moyen Age (*Pentiment*) ! Donnons une liste d'exemples révélateurs sans lesquels on ne peut comprendre la construction de l'univers vidéoludique.

La série des *Tomb Raider* utilise une vue en troisième personne : il existe une distance d'affichage entre le personnage à l'écran et le reste du décor. Mais cette distance se modifie par moments en fonction des actions et des situations : si le personnage approche d'une paroi rocheuse afin de s'introduire à travers une crevasse, alors la caméra se rapproche de lui pour l'agrandir à l'écran. Ce qui renforce le sentiment d'oppression chez le joueur qui perçoit son héros dans une paroi qui l'enserre. Le même stratagème est repris dans *Star Wars Jedi Fallen Order*. Lorsque Lara Croft immerge son corps dans l'eau d'un souterrain, la caméra cette fois-ci zoome cette sur la tête de l'héroïne qui prend la moitié de l'écran : ce qui suggère son angoisse et son agoraphobie (la tête a juste de quoi sortir de l'eau pour respirer avant de rencontrer la paroi du dessus). La série des *Assassin's Creed* innove également : le personnage est capable de s'agripper sur différentes parois afin de percevoir le sol rapetisser au fur et à mesure de son ascension. Le personnage peut ensuite plonger d'une hauteur vertigineuse en réalisant un saut de l'ange afin d'atterrir dans une charrette pleine de foin : la situation se montre à nous à travers l'accélération de la caméra lors de la chute : plus on s'approche du sol, plus la vitesse s'accroît et plus le sol donne l'impression de se resserrer. La célèbre série *Uncharted* est révélatrice également de l'ingéniosité de la mise en scène : caméra pouvant se rapprocher de l'action, caméra pouvant s'éloigner pour montrer la dimension gigantesque du décor qu'explore le personnage, caméra chancelante lorsque le personnage est sur un navire qui tangue en pleine tempête (*Uncharted 3*). Ce travail sur la mise en scène est au service de diverses émotions : agoraphobie, angoisse, peur, sentiment d'urgence. Il suffit d'élever la caméra pour rapetisser les personnages en survolant du coup tout paysage afin de créer une dimension épique (un champ de bataille gigantesque) : le sentiment de perdition du personnage dans une nature l'emporte et la vie humaine semble ne plus rien valoir. C'est exactement l'objectif du jeu indépendant *Below* qui nous présente un personnage si minuscule du fait d'être perçu en hauteur qu'il semble immergé dans un monde infiniment grand et dangereux. Les astuces de mise en scène des premiers *God of War* illustrent également ce principe : la caméra suit le personnage un peu en hauteur pour montrer le champ de bataille mais peut s'élever davantage pour grossir le décor. Ce qui accentue son aspect épique tout en présentant au joueur les dangers qui l'attendent. De même, lors des phases de QTE (Quick Time Event), le personnage s'agrandit et donne l'impression d'être au cœur d'une cinématique plus ou moins interactive. La série des *Max Payne* a inventé le procédé du Bullet Time. Lorsque le joueur active cette option, le temps ralentit et l'action devient une véritable chorégraphie, un ballet à contempler et qui rend esthétique la violence des combats puisque le joueur dispose de suffisamment de temps pour éviter les balles ennemies (le style ressemble à celui du réalisateur John Woo). *Max Payne III* du reste, sauf erreur de notre part, est le premier jeu à fusionner sans coupure : cinématiques et séquences de jeu. Ce qui renforce sa dimension cinématographique.

1.2 L'identification : un concept problématique

Évoquons de manière générale pour commencer, ce préjugé tenace qui considère que toute personne va nécessairement s'identifier à son personnage. Un tel postulat nous semble problématique. Il nous cache même l'originalité de l'expérience vidéo-ludique proprement dite. Le verbe (s'identifier) est un raccourci qui ne propose qu'une fausse évidence. Deux types de remarques différentes nous permettront de dévoiler ses maladresses. Ce qui témoigne également du fait que cette hypothèse (l'identification) est soutenue par des personnes qui connaissent fort mal le monde du jeu vidéo. Un premier type de remarques rapides mais efficaces nous montre déjà que cette hypothèse est confuse, et pose plus de problèmes qu'elle n'en résout : s'identifie-t-on de la même manière avec un personnage selon que la vue est en première personne ou plutôt en troisième personne ? L'identification est-elle vraiment identique, et peut-elle même avoir lieu, lorsque le personnage que l'on incarne est tantôt minuscule du fait d'être perçu de très haut ou de très loin, tantôt gigantesque du fait d'être trop visible et imposant à l'écran (ce que certains ont reproché à *Elex II* avant des mises à jour correctives) ? La diversité des styles graphiques est-elle indifférente au sentiment d'identification : le réalisme (certains épisodes de la série *Call of Duty*), la pixellisation en 8 bits (*Castelvania III*) ou en 16 bits (*Final Fantasy VI*), le genre dessin animé (*Rime*), le Cel Shading (*Jet Set Radio*) ou des dessins peints à la main (*Retro Machina, Creaks, Machinarium*) contribuent-ils à rendre possible le sentiment d'identification ? Et si oui, nous aident-ils à nous identifier de la même façon ? De telles questions ont le mérite, nous semble-t-il, de remettre en question la pseudo-évidence d'un tel concept. Un deuxième type de remarques nous montre l'autre aspect problématique de cette hypothèse : tout personnage ne peut apparaître que moyennant une distance d'affichage et son apparition est tributaire de la mise en scène. La série des *Elder Scroll* propose le plus souvent de régler la distance d'affichage avec son personnage : il peut nous apparaître comme étant éloigné ou bien plus proche afin de donner l'impression d'une vue par-dessus l'épaule. Les premiers épisodes de la série *Alone in the Dark* ont proposé de manière fascinante des écrans fixes présentés à chaque fois sous des angles constamment inattendus lors du passage d'une scène à l'autre (vue du dessus, vue depuis le haut d'un couloir, puis vue depuis le fond d'une pièce, vue ensuite qui nous montre le personnage en gros plan mais s'éloignant en rapetissant...). De tels procédés nous permettent alors de poser des questions capitales : s'identifie-t-on avec un personnage de la même manière selon que celui-ci apparaît dans un écran fixe avec possibilité de tournoyer sur lui-même, alors qu'un autre jeu nous propose un personnage autour duquel la caméra peut se mouvoir à 360 degrés ? Comment penser la relation à son personnage étant donné que son apparition est conditionnée par un univers en 2D, en 3D ou en vue isométrique (déjà *Head over Heels* ou *L'ange de Cristal* sur Amstrad) ? De tels procédés prouvent surtout que les programmeurs proposent un autre type d'expérience que celui de l'identification. Celui de la mise en scène précisément.

Le philosophe Dany-Robert Dufour rappelle que le rapport que nous avons avec notre image spéculaire dans un miroir diffère de celui que nous entretenons avec notre image vidéo. À travers le miroir l'identification se constitue à partir de la confusion entre la gauche et la droite. Si je prenais conscience que la personne que je perçois lève son bras gauche tandis que moi je lève mon bras droit, il me serait impossible de m'identifier à elle. La coïncidence avec l'image dépend alors de cette confusion entre droite et gauche. Dans un enregistrement vidéo, la gauche et la droite ne permettent pas cette inversion (autrement, on verrait les titres des livres ou des affiches à l'envers). Le philosophe considère que je me vois comme les autres me perçoivent puisque ce sont eux qui m'identifient : « *Je me vois comme un autre parmi d'autres* »[20]. L'analyse nous semble convaincante mais partielle pour trois raisons. Tout d'abord, notre image dans le miroir a beau reposer sur une confusion entre la gauche et la droite c'est plutôt la simultanéité des mouvements qui engendre le sentiment d'une adhérence à cette image. Raison pour laquelle je réalise que l'apparition qui me fait face et qui lève la main gauche n'est pas une autre personne que moi qui lève ma main droite. Ensuite, dans l'enregistrement vidéo mon apparition ne peut plus être simultanée : surtout, elle me propose ma silhouette sous des angles que je ne puis voir par moi-même (moi de dos par exemple) tout en me la proposant à travers une mise en scène qui dépend d'une distance et d'angles variés. Enfin, les images que je perçois dans un miroir et dans l'enregistrement vidéo (ou dans une photographie) se répondent : l'image perçue dans un film est une image que je pourrais en partie retrouver si je me regardais dans le miroir, image que je pourrais encore retrouver partiellement si j'observais mon corps apparaissant dans mon champ de vision (la minceur de mes mains, la couleur de ma peau, mon poids ou ma taille apparente...). Elles sont différentes mais complémentaires. Mais surtout, cela exige que nous puissions en parler avec le vocabulaire en première et en troisième personne : je parle de « mon » nez comme de « ce » nez ; de « mes » mains comme de « ces » mains... Notre corps est objet et sujet : ce nez est mon nez. Or, il est évident que l'image du personnage dans un jeu vidéo ne peut répondre à de telles exigences : je ne puis regarder un personnage pour dire que « ce » visage est « mon » visage ; je ne peux non plus penser qu'il existe une correspondance possible entre son image et celle que je verrais dans un miroir. Le monde du jeu vidéo propose plutôt, à l'instar des enregistrements vidéos, une apparition à travers des angles de vue, un montage et une mise en scène. Il conditionne l'apparition du personnage à une mise en scène. Voilà son originalité qu'il va nous falloir penser : il nous demande de nous *projeter* avec un personnage *dans* une mise en scène, non de nous *identifier* à lui. Si nous avons appris à nous identifier au visage que nous voyons chaque matin dans la glace, que peut vouloir dire s'identifier avec un personnage dont le physique est totalement séparé de notre organisme ? L'usage du même mot est trompeur. On pourrait reprendre l'idée de l'écrivain Alain Bosquet pour l'appliquer à l'expérience du joueur : « *La solitude est une tyrannie de l'identité. Si elle était quelqu'un d'autre – le hasard décidera – une femme connaîtrait un peu de paix, un peu d'équilibre. On éprouve toujours de l'ivresse à devenir quelqu'un que l'on n'est pas* »[21].

Autrement dit, loin de nous identifier au personnage, le joueur apprendrait à se libérer de son moi pour le plaisir de devenir quelqu'un d'autre. La dernière expression est paradoxale : « devenir quelqu'un que l'on n'est pas ». Avec un personnage, nous ne « restons » plus le même : nous « devenons », nous nous « transformons » tout en sachant que cette transformation n'est pas une métamorphose réelle de notre moi puisque nous reconnaissons nous projter dans la peau … d'un autre.

Il existe cependant un argument bien plus décisif pour fragiliser la théorie de la projection ou de l'identification. Il suffit d'analyser la manière de parler des joueurs puisque ces derniers utilisent constamment un point de vue en première *et* en troisième personne. Les joueurs forment des phrases avec le pronom personnel « Je » telles que : « je dois aller à droite », « je dois développer mes compétences » (etc.). Mais elles sont inséparables du point de vue en troisième personne : « je dois *le* déplacer vers la droite » (en parlant du personnage), « je dois réussir à *le* faire monter de niveau » (etc.). Ces deux points de vue alternent constamment dans la psychologie du joueur puisque en vrai il existe une fusion des perspectives : « Je vais aller à droite avec mon personnage ». La question subjective « Mais que dois-je faire ? » est aussi une question objective : « Mais que dois-je faire avec mon personnage, que dois-je lui faire faire ? ». Nous *nous* déplaçons en tant que joueur mais nous déplaçons *le* personnage. Lorsque dans un jeu d'action nous connaissons de nombreux énervements, nous pouvons nous écrier aussi bien « Je vais le tuer » que « Mais bouge, dépêche-toi, tue-le ! » en parlant à la place du personnage. Dans le fameux jeu de ping-pong inventé par Rockstar (*Table Tennis*), nous avons à choisir parmi plusieurs personnages aux différentes caractéristiques. Nous pouvons ainsi les différencier, en favoriser un plutôt qu'un autre. Mais nous en parlons comme d'individus que nous comparons entre eux (par exemple : « avec Luc, je peux faire ceci ; mais avec Mark et Kumi il est difficile de faire cela »). Nous en parlons donc comme d'êtres indépendants même s'ils sont dépendants de nous pour l'animation. Nous sommes ensemble et non à leur place. De même encore, lorsque nous recensons nos expériences auprès de nos amis nous pouvons les évoquer à la première personne comme à la troisième. Nous jouons en pensant « je » (je vais faire cela), mais racontons notre expérience en nous référant à « lui » (il est rapide, ses animations sont réalistes, le personnage est souple et peut faire volte-face, etc...). Il ne s'agit donc aucunement de projection mais d'accompagnement. Il n'est pas question d'identification, en ce sens que le joueur finirait par se prendre pour le personnage comme un acteur fusionnant avec le rôle qu'il incarne. Il ne s'agit pas de sentir en se mettant à la place de son personnage mais plutôt de sentir et d'agir *avec* lui, de se projeter dans une mise en scène en étant *avec* lui. Je vois donc à la fois de mon point de vue et du sien. Je sens donc à travers le point de vue de mon personnage, tout en le percevantà travers le mien.

L'argument qui considère l'identification et la projection oublie que tout joueur est à la fois acteur et spectateur. Nous percevons en effet constamment les réactions de notre personnage : comment il sent, souffre, exprime sa peine ou meurt. Nous sommes ainsi projetés par le personnage dans un univers afin de réagir en tant que joueur tout en percevant en retour comment le personnage lui-même s'y trouve situé. Nous le percevons réagir à sa manière : les personnages de *Dark Souls* tombent sur leurs genoux et s'affaissent, certains personnages respirent et grelottent de peur et de froid. Il existe des réactions subjectives pour le joueur à l'égard des séquences de jeux et en même temps une perception des réactions objectives du personnage. Il existe un mélange entre réactions subjectives du joueur et empathie à l'égard du héros. Cette dualité entre action et contemplation prouve que le jeu vidéo se situe par-delà la contemplation scénaristique (cinéma) et l'identification de l'acteur avec les rôles à incarner (théâtre). L'un des indices les plus probants selon nous se vérifie par le fait que jamais le joueur ne peut parler et penser à la place de son personnage. Nous contrôlons certes des mouvements et des comportements mais jamais son psychisme et ses paroles. Les cinématiques avec choix de dialogue ou les réactions verbales inattendues en pleine phase d'action rappellent l'extériorité du scénario et du personnage. Dans *Forspoken*, nous ne cessons d'entendre l'héroïne parler avec son bracelet magique. Dans *Biomutant*, nous entendons le narrateur raconter les périples de notre personnage. Dans tout jeu d'aventure tel que le point & click, nous sommes confrontés à des lignes de dialogue pré-rédigées avec un personnage qui exprime son point de vue plutôt que le nôtre. La série *Mass effect* a innové puisqu'elle proposait au joueur de choisir non des phrases stéréotypées pré-rédigées mais des thèmes. En choisissant un thème le joueur découvrait alors les phrases de son personnage quand il les prononçait : il ne choisissait plus à l'avance quelle phrase il allait exprimer. Cette vérité concernant le monde vidéoludique se vérifie lorsque l'on compare les réactions d'un joueur en pleine immersion et celles qu'il relate à ses camarades. On découvre en effet cette fois-ci l'importance du point de vue en deuxième personne. Lorsque nous achetons un jeu vidéo nous savons qu'un jeu est proposé à une communauté de joueurs. Nous savons que nous ne sommes pas seul à tenter l'aventure. Les jeux sont pour tous. Si mon expérience et mes réactions me sont propres, d'autres vont utiliser le même personnage au sein du même scénario. Un jeu est proposé à une communauté. C'est la raison pour laquelle le compte-rendu de nos impressions à d'autres camarades se réfère au point de vue en deuxième personne. Nous pouvons dire « Si tu prends tel personnage, tu peux faire cela. A tel moment, tu as la possibilité de choisir ta propre classe de personnage », etc... Une telle rhétorique prouve que l'état d'esprit du joueur en pleine immersion lors de l'action est différente de son état d'esprit lorsqu'il rapporte à autrui son aventure puisqu'il a conscience des possibilités qui sont à la disposition de tous ceux qui essaieraient de jouer. Cette décentration prouve que le jeu n'est pas un leurre dont on est personnellement le dupe, mais une fiction proposée à plusieurs et assumée comme fiction.

1.3 Le rapport au personnage : un concept complexe

Nous pouvons reprendre nos premières hypothèses afin de les compléter. L'univers du jeu, avions-nous dit, est inséparable d'un montage entre diverses séquences. Il est aussi inséparable de l'invention de perspectives tributaires d'un style et de toute une mise en scène. Mais le travail des programmeurs va consister à inventer, à créer des relations différentes entre joueur et personnage(s). C'est en effet la mise en scène au sein de laquelle surgit notre personnage qui va conditionner notre rapport à lui. Cette mise en scène est au jeu vidéoludique ce que le style est à la littérature. Il nous semble que cette obsession pour l'identification du joueur avec son personnage est victime de plusieurs faiblesses. Il nous faut dresser leur liste puis les remettre en cause pour les raisons suivantes :

Première faiblesse

L'hypothèse de l'identification entre joueur et personnage ne résiste pas à l'examen. À vrai dire, le jeu vidéo est le domaine par excellence où des dispositifs différents sont astucieusement créés par les programmeurs qui mettent en place des conditions chaque fois particulières entre joueurs et personnages. Si on pense l'identification en prenant comme référence l'acteur qui cherche à imiter le personnage d'une pièce de théâtre, force est de constater que ce modèle ne convient en rien pour décrire l'expérience vidéoludique. Il n'y a pas d'incarnation à travers des personnages : ces derniers sont loin d'être des supports pour faciliter nos projections. Ce n'est d'ailleurs pas nécessairement une telle relation que les programmeurs veulent instaurer. Les nombreux *Point & Click* de *Lucasart* en sont une belle illustration. Dans la série des *Monkey Island* le pirate que l'on déplace (Guybrush Threepwood) n'est pas un simple pion : il est capable en restant immobile de se gratter, de taper du pied par impatience, de bailler, ou même encore de se retourner vers nous pour nous blâmer, de nous dire que nos actions sont insensées et stupides. Le personnage dévalorise avec humour nos tentatives. Comment s'identifier à ce pirate qui se rebelle contre celui qui l'utilise et qui irrite par moments le joueur tout en l'amusant ? De telles attitudes empêchent la pure et aveugle coïncidence. Le même stratagème est utilisé dans d'autres jeux tels que *Day of the Tentacle* ou la série lubrique des *Leisure Suit Larry*. Dans un jeu comme *Limbo* ou *Inside* nous devons au contraire aider un être qui s'éveille dans un lieu inconnu afin de l'aider à fuir tout en triomphant d'énigmes et de pièges. Nous ne saurons jamais qui sont ces silhouettes sans visage et sans nom. Il est donc difficile de nous identifier à elles. C'est le même procédé dans *The Journey* : nous incarnons un être mystérieux et nous rencontrons également d'autres êtres (des joueurs en ligne) avec lesquels nous ne pouvons communiquer et dont nous ne pourrons jamais connaître l'identité. D'autres fois encore, nous croyons connaître un personnage mais découvrons tardivement qu'il n'est aucunement celui que l'on imaginait. C'est ainsi que l'un des personnages que l'on déplace dans *Heavy Rain* s'avère être un tueur bien plus qu'un enquêteur comme on nous le fait croire. Un tel stratagème rappelle *Le meurtre de Roger Ackroyd* de Agatha Christie puisque le lecteur découvre à la toute fin du roman que le meurtrier n'est autre … que le narrateur lui-même. D'autres fois encore, nous apprenons au cours de la narration à savoir qui est vraiment notre personnage. Ainsi, dans le jeu apocalyptique *Deadlight* notre personnage cherche à retrouver sa femme et sa fille en traversant différentes contrées. Habité par des souvenirs qui surviennent sous forme de souvenirs, notre personnage retrouve à la toute fin une lucidité puisqu'il se rappelle violemment les avoir assassinées suite à un contamination qui les condamnait. Le joueur comprend que son personnage a dès le départ été victime d'un traumatisme ayant provoqué chez lui refoulement et amnésie. Cette amnésie qui l'a conduit à rechercher celles qu'il a aimées puisqu'il a été persuadé de leur survie. Le joueur devient le dupe d'un esprit dérangé. De tels exemples prouvent qu'il n'existe que « des » rapports possibles et différents entre joueurs et personnages.

Il faut donc garder à l'esprit la créativité des programmeurs qui cherchent à inventer de telles relations. Prenons le célèbre chef d'entreprise britannique, Peter Molyneux, créateur de jeux vidéo, connu pour ses prétentions et ses objectifs souvent démesurés. Dans toute la série des *Fable*, il nous propose d'incarner un personnage à travers les différentes étapes de l'existence : enfance, adolescence, âge adulte. On commence par jouer avec un jeune enfant avant de continuer avec différentes périodes de sa vie à travers lesquelles il se révèle soumis au vieillissement dans une temporalité évidemment elliptique et accélérée. Il est, à nouveau, difficile de pouvoir nous identifier à de tels changements. Le philosophe Jean-Marie Schaeffer écrit à propos du personnage célèbre de *Tomb Raider* : « *Lara Croft est un personnage de jeu plutôt qu'un personnage de récit* »[22]. Il nous faut cependant apporter des précisions à ce sujet. Car si Lara Croft n'est pas un personnage de récit (encore que ce propos n'est pas entièrement exact), il se trouve que le jeu vidéo peut créer un personnage de jeu (à travers l'action) qui soit *également* un personnage de récit (si les phases d'action s'intègrent avec des séquences narratives en fusionnant au sein d'une histoire). Il n'est pas rare que des jeux d'action alternent entre phases d'action et exploration avec intégration de scènes cinématiques. Il est même également possible qu'un jeu ne nous propose aucun personnage. C'est le cas de *Unheard* qui demande de nous déplacer de salles en salles afin d'écouter des sons et des messages vocaux pour reconstituer des énigmes. Il n'y a aucun personnage à l'écran, juste un curseur à déplacer. D'autres programmeurs s'amusent à nous cacher ou à nous tromper sur l'identité du personnage. La célèbre série *Metal Gear Solid* a inventé son charismatique Solid Snake. Raison pour laquelle, dans le deuxième volet de l'aventure, le joueur est surpris lorsque, croyant contrôler ce personnage, revêtu d'une capuche, une fois celle-ci abaissée, il découvre un tout autre héros (et un nouveau personnage : Raiden). Enfin, la compagnie Bethesda qui invente plusieurs jeux de rôle, refuse la plupart du temps de doubler vocalement notre personnage principal. Elle estime (à tort ou à raison) qu'un personnage muet facilite plus facilement l'immersion du joueur : en effet, lorsque les personnages soumis à l'intelligence artificielle (PNJ) que nous rencontrons se tournent vers l'écran, nous avons plus facilement l'impression qu'ils tournent leur attention vers nous plutôt que vers notre personnage puisque ce dernier ne répond pas. S'il répondait, nous aurions alors la sensation que les personnages rencontrés s'adresseraient plutôt à notre personnage puisque nous attendrions ses réponses orales.

Deuxième faiblesse

L'hypothèse de la projection ou de la fusion avec son personnage montre à nouveau ses inconvénients lorsque l'on remarque que de nombreux jeux nous proposent d'incarner plusieurs personnages simultanément ou successivement. Il n'existe pas nécessairement un seul personnage. Dans le premier cas, les jeux de gestions ou les wargames nous demandent d'organiser des groupes ou des troupes. Dans certains jeux de stratégie au tour par tour ou même en temps réel, nous disposons de personnages aux compétences différentes (*Xcom, Miasma Chronicles*). Nous constituons ainsi des groupes en apprenant à nous attacher à diverses personnalités tout en en privilégiant certains au détriment des autres. Dans le second cas, nous pouvons tenter une aventure et des missions du point de vue de plusieurs personnages. Les jeux proposés par David Cage (*Heavy Rain, Detroit Become Human*) proposent des séquences avec divers personnages qui seront amenés à se rencontrer afin d'obliger le joueur à effectuer des choix qui le contraindront à privilégier tel héros plutôt que tel autre, et donc à orienter la narration vers certains dénouements au détriment des autres. Les jeux de *Supermassive Games* nous proposent plusieurs séances chapitrées avec différents personnages qu'il nous faut essayer de faire survivre (*The Quarry, Until Dawn*). Il est même probable d'en sacrifier certains. Dans *GTA V* il est possible d'organiser avec trois personnages un braquage de banque et d'alterner entre le point de vue de celui qui entre dans la banque et celui qui à l'extérieur décide d'exterminer tout ennemi depuis un hélicoptère. Des mêmes séquences offrent ainsi des perspectives diverses sur une même situation selon le choix des personnages. Le jeu vidéo multiplie donc de manière fort complexe les dispositifs à partir desquels les joueurs entrent en relation avec des personnages. Il n'existe pas de rapport uniforme puisque cette relation dépend des programmeurs dont le travail consiste à inventer des manières inédites de positionner l'un par rapport à l'autre. C'est la raison pour laquelle le concept d'identification ne nous semble pas pertinent : il n'est, à vrai dire, qu'une possibilité parmi plusieurs autres.

Troisième faiblesse

Mais le préjugé tenace de l'identification ne semble pas percevoir qu'il évacue d'autres possibilités créatrices. Il présuppose en effet que les personnages sont nécessairement humains. Or les possibilités ne se limitent aucunement aux membres de notre espèce puisqu'on peut incarner : un chat, une souris, un dragon, un spectre, une pétale, un requin, du courant électrique, une marionnette, une pelote de laine animée, une oie, etc... Non seulement les êtres en question évoluent dans des environnements différents qui sont perceptibles selon des échelles différentes, mais ils nous proposent en outre des actions totalement variées par rapport à celles que des êtres humains peuvent effectuer. Que nous propose le jeu *Stray* ? De manier un chat qui explore des toits et des ruelles. Ce qui exige de nous d'apprendre à percevoir les objets sur lesquels on peut sauter tout en évaluant les distances à partir des aptitudes du félin. Nous apprenons ainsi à voir « comme un chat » des décors familiers : l'armoire est ce sur quoi je peux sauter, et non ce que j'utilise pour ranger des vêtements. De même pour la chaise ou la table. Dans *Untitled Goose Game* nous manipulons une oie qui doit accomplir certaines énigmes en « emmerdant » les humains. La mare est ainsi ce dans quoi je peux barboter ou plonger, etc... *Flower* nous permet d'incarner une pétale se mouvant au gré du vent dans de grands espaces ; *Ghost of a Tale* nous propose d'incarner une souris ; *Observation* nous propose d'incarner une intelligence artificielle devant aider une femme cosmonaute coincée dans sa capsule spatiale. *Maneater* nous propose d'incarner un requin qui évolue et connaît des séries de mutations plus ou moins naturelles. Dans *Carrion,* le joueur manipule un monstre tentaculaire capable de s'améliorer. Les conséquences sont capitales : les émotions des joueurs ainsi que leur sensibilité esthétique sont totalement différentes selon les personnages proposés. Le joueur procède ainsi à une ré-évaluation de ce qui lui est familier. Un champ peut laisser indifférent mais devenir esthétique lorsqu'on incarne une pétale en mouvement ; un lieu quelconque peut devenir effrayant si le personnage que l'on manipule se présente de loin et de manière minuscule dans un lieu devenu gigantesque. Des lieux anodins comme une cuisine peuvent devenir horrifiques lorsqu'on incarne un personnage minuscule (*Little Nightmares*). Lorsque le joueur incarne de l'électricité dans *7ᵗʰ Sector* pour résoudre différentes énigmes environnementales, un sentiment de toute puissance l'envahit puisqu'il apprend à déclencher des ascenseurs, à éteindre des lumières ou à contrôler à distance des engins motorisés en prenant contrôle des télécommandes. Le joueur apprend à voir les lieux comme s'il devenait la puissance électrique.

2.1 De l'interaction : petite analyse de ses conséquences

Si la mise en scène est une particularité du monde vidéo ludique, elle reste insuffisante pour analyser l'expérience du joueur. Il faut ajouter des considérations sur ce que tout joueur et tout journaliste des jeux vidéo appellent : le gameplay. Dans notre introduction nous avions rappelé la maladresse des critiques qui oubliaient de mentionner l'interface entre le jeu et le joueur. Négliger les médiations (manette, joystick, combinaison clavier/souris, détecteur de mouvement) engendre fatalement une erreur de méthode : la négligence d'un tel gameplay. Cette occultation ne peut donc que rendre inopérant un reproche qui ne mentionne pas ce dernier. Cet oubli est un *signe* qui prouve, avions-nous dit, la mauvaise compréhension du critique sur le monde vidéoludique. La présence des interfaces nous permet de rappeler qu'un joueur est nécessairement actif du fait d'utiliser sa manette avec ses mains et ses doigts. C'est même notre corps dans sa totalité qui est engagé dans l'expérience : le joueur est expressif avec son visage, son corps peut partir en arrière quand il perçoit son personnage tomber d'une falaise, sa tête se pencher ou s'incliner pour percevoir dans un espace qui tournoie, ses jambes se tendre ou se détendre par réflexe dans un jeu de courses. L'image d'un joueur avec un corps immobile et des doigts actifs, ou réagissant uniquement de manière émotionnelle, est donc trompeuse. Cette dernière remarque est capitale : car considérer l'interaction entre vision et toucher grâce au corps engagé dans l'action, influe sur l'organisation de notre expérience. Dans la mesure où tout joueur est actif il est nécessaire d'analyser ce que le jeu lui demande d'activer (mémoire, attention, sens de l'orientation, réflexes, etc.).

Les psychologues Held et Hein ont ainsi testé le comportement de différents chatons dans un labyrinthe : dans un premier groupe, les deux psychologues portaient les chatons qui se contentaient de percevoir passivement le trajet ; dans le second, les chatons devaient suivre les psychologues par leurs propres moyens. Or, les deux chercheurs découvrirent que les félins du premier groupe ne développèrent pas la vision de manière normale. Ils furent dans l'incapacité de trouver la sortie et d'explorer convenablement leur environnement[23]. On le comprend, le rappel de tels liens nous aide à découvrir les conséquences de l'interaction des sens (vision, motricité, exploration et observation). D'autres expériences dévoilent par exemple les effets correctifs de la vue opérés par nos mouvements lorsqu'il est demandé à des individus, dans une pièce irrégulière ressemblant à un parallélépipède rectangle, d'atteindre un point cité vers une fenêtre à l'aide d'un bâton. Tous échouent au départ en évaluant de manière erronée les distances mais apprennent ensuite à rectifier leur vision en manipulant le bâton à l'aide de leurs mouvements exploratoires. Leur vue, seule, évaluait de manière erronée les distances, mais leur exploration motrice la corrigeait pour modifier leur appréciation des distances et de la profondeur. Cette expérience est exactement celle du joueur qui essaie la série *Sniper Elite*. Le personnage est muni d'un fusil à lunette et doit éliminer des cibles à distance pour sécuriser un terrain afin de mener à bien une série d'objectifs. Cependant, il ne suffit pas d'avoir dans son viseur les cibles en question. Il nous faut apprendre à connaître la direction du vent ou la distance entre les cibles et nous puisque de tels facteurs influent sur la trajectoire de la balle (plus on est éloigné, plus la balle retombe en fonction de son poids ; plus le vent souffle, plus la balle peut être déportée en raison de la distance...). Il s'agit bien d'apprendre à rectifier notre vision lorsque nous percevons à travers la lunette. Les critiques qui observent donc le joueur, oublient que son implication est mentale mais aussi gestuelle et kinesthésique. Les critiques ne réalisent pas que l'interaction chez le joueur engendre une organisation de l'expérience différente de la leur, eux qui ne jouent pas. Ils sont donc comme les chatons du labyrinthe qui observent passivement la scène. Mais que ne réussissent donc pas à percevoir les critiques ? Donnons trois exemples différents qui nous permettront de répondre, et qui, en outre, nous aideront à regarder autrement des jeux dont le spectateur extérieur ne comprendrait absolument pas l'intérêt et l'originalité.

2.2 Exploitation des facultés

Premier exemple : la mémoire et le sens de l'orientation

Une étude neuroscientifique a étudié les effets du GPS sur le cerveau. À partir d'une comparaison entre deux groupes qui s'orientent dans Londres pour trouver leur propre chemin, l'un utilisant la géolocalisation, l'autre utilisant ses propres méthodes, les savants en ont conclu qu'exercer notre mémoire et notre sens de l'orientation augmentait la stimulation de notre hippocampe de manière proportionnelle à la difficulté de la tâche. Autrement dit, plus nous transférons aux machines et aux applications des tâches qui réclament un usage de certaines parties de notre cerveau, plus celles-ci s'atrophient. Inversement, plus nous utilisons nos propres sens et nos propres capacités, plus nous les exerçons et les développons, plus la taille de notre hippocampe s'agrandit[24]. Or, de nombreux jeux d'aventure et d'horreur exigent de nous un travail actif de la mémoire : la reconnaissance de la topographie du terrain pour s'orienter, la planification d'une attaque, la fuite face à des embuscades qui exigent de retrouver des endroits sécurisés préalablement identifiés. Ce qui donne tout son sel à certains jeux d'horreur. Il n'est pas rare en effet que certains d'entre eux proposent au joueur des séquences où il lui est demandé d'explorer certains lieux sans véritable danger. Ce préalable est une sorte d'introduction au véritable challenge qui va succéder. Le joueur doit bien évidemment tenter de comprendre et de mémoriser l'organisation de l'espace qu'il découvre. Lorsque la menace se présente enfin (embuscade, monstre apparaissant), il lui est nécessaire de prendre la fuite. Ce qui suppose de pouvoir s'orienter le plus rapidement possible dans le dédale des lieux afin de retrouver une sortie ou une cachette préalablement aperçus. Il faut donc les avoir perçus et mémorisés ; il faut ensuite être capables de les retrouver. Les deux épisodes de la série *Outlast* nous confrontent à des monstruosités que nous ne pouvons abattre. Le joueur doit donc les fuir le plus rapidement tout en retrouvant les lieux où se protéger, puisqu'il est pourchassé (s'orienter dans un champ de maïs n'est guère aisé!). Plus l'on hésite à savoir s'il faut aller à gauche/à droite/tout droit (...), plus l'on met de temps, plus le risque d'être rattrapé s'accroît. À leur façon, de telles situations fictives reproduisent de manière ludique dans un contexte horrifique ce que tout être vivant est dans la nécessité de devoir accomplir : rechercher un lieu pour se l'approprier afin d'en faire son territoire, construire ensuite dans cet espace devenu familier des repères qui lui permettront de se camoufler en cas d'intrusion d'un prédateur. Plus l'être vivant est dans un espace étranger, plus le danger est grand pour lui de trouver par hasard une cachette en terrain inconnu face à un prédateur, plus son angoisse est élevée. Certains jeux proposent ainsi de recréer dans un contexte horrifique de telles situations. C'est à nouveau ce que les jeux *Coma* et *Coma 2* proposent : égaré dans un établissement scolaire coréen, le personnage doit éviter une présence maléfique en apprenant à connaître les lieux, ce qui peut servir d'abris, et la logique des déplacements d'une entité maléfique qui déambule dans l'école.

Deuxième exemple : la pensée visuelle

La mobilisation de nos facultés se vérifie encore si l'on rappelle l'existence de *la pensée visuelle* évoquée par certains neuroscientifiques[25]. Plusieurs expériences essaient de montrer que nous possédons des images mentales à partir desquelles nous mobilisons des aptitudes sans recourir au raisonnement verbal. Lorsque, par exemple, on nous montre une figure géométrique et qu'on nous demande si, parmi plusieurs autres figures ressemblantes mais dans des positions différentes, l'une d'entre elles correspond à la première. L'individu à qui on pose la question tente alors (et souvent difficilement) une série de diverses rotations mentales (« dans sa tête ») pour essayer de voir si les figures correspondent au modèle initial. Il existe plusieurs tests différents : celui de Shepard et Metzler, celui encore de Vandenberg. Cette pensée visuelle, nous l'utilisons durant certaines activités quotidiennes, lorsque nous évaluons la taille d'un canapé et celle de notre porte d'entrée afin de savoir si le mobilier peut, dans telle ou telle position, passer. De même encore lorsque nous nous demandons si la taille de telle chaise, une fois mise à tel endroit, nous permet d'accéder par exemple, vu notre taille, à l'ampoule du plafond. Certains jeux vidéo peuvent exiger de nous une exploitation complexe de telles capacités. Considérons le jeu *Forbidden Siren*. Il s'agit de traverser des espaces où se cachent des démons qui ne doivent aucunement détecter notre présence. Ces derniers sont invisibles. Le joueur peut cependant transférer son esprit dans celui des créatures pour voir à travers elles. À partir de ce transfert d'esprit, et en fonction alors de ce que nous percevons, nous pouvons essayer de deviner où ils sont situés pour ne pas traverser leur champ de vision. Ce qui implique de travailler de manière parfois complexe notre pensée visuelle puisqu'il faut situer les monstres dans l'espace, se situer soi-même dans les lieux, et tenter de se positionner par rapport aux monstres eux-mêmes. Ce qui peut être fort complexe. Des jeux cependant plus ludiques tels que *Tetris* (songeons à sa modernisation : *Tetris Effect*) demandent au joueur de créer des alignements à partir de figures géométriques différentes (carré, droite, angle droit) tombant du haut vers le bas. Or, nous pouvons établir des rotations sur les figures qui tombent, afin d'essayer de les lier harmonieusement avec celles qu'on a déjà mises au bas de l'écran. L'objectif est de trouver comment obtenir des lignes pleines de manière horizontale pour les faire disparaître. Plus nous réussissons à en former à la suite, plus le score est important. La difficulté s'accroît progressivement puisque la vitesse augmente tout comme le rythme de la musique, le tout devenant anxiogène. Il nous faut alors, on le comprend, apprendre à combiner réflexes, pensée visuelle et gestion du stress. Le score nous permet ainsi de savoir si nos facultés ont progressé. En même temps, le score sert d'indicateur pour nous inciter à nous perfectionner et à recommencer.

Cette pensée visuelle est une forme d'intelligence qui s'exerce à même la perception. Bernard Werber rappelle une expérience sur des fourmis rousses[26]. Mise dans une boîte transparente pour qu'on puisse l'observer, la fourmi est sur une planche horizontale trouée au milieu. Une tige traverse ce trou et se trouve enfoncée dans du sable située sous la planche. Cette tige est trop résistante pour que l'insecte puisse la couper avec ses mandibules. Située sous la planche, une quantité de miel a été placée et dégage une odeur attractive. La fourmi est donc sur une planche qu'elle ne peut creuser, sent la présence du miel, et aimerait réussir à passer par le trou qui se trouve bloqué par la présence d'une longue tige fixée dans du sable. La fourmi essaye donc, sans succès durant plusieurs jours, de la couper. Elle invente cependant au bout d'un certain temps une nouvelle stratégie efficace. Ce qui suppose que l'animal n'avait pas de manière instinctive la solution au problème rencontré, puisqu'il aurait sinon utilisé dès le départ la réponse adaptée. Il a donc eu l'intelligence de produire une réponse inédite. L'expérience suppose que l'expérimentateur a créé un problème artificiel et original, jamais rencontré dans la nature par l'insecte. Quelle est la réponse apportée par la fourmi ? Elle tire avec ses pattes la tige vers le haut, puis place son abdomen qu'elle va gonfler entre la tige et le trou pour ne pas qu'elle chute. Elle la dégage ainsi progressivement vers le haut et finit par la déloger avec succès. Notons ici le fonctionnement de l'intelligence pratique (*inter-ligare* : capacité à établir des liens). Il faut disposer de capacités analytiques (diviser une situation en plusieurs éléments clefs et pertinents : trou, tige, planche, mandibules, pattes, abdomen) afin d'essayer ensuite de combiner efficacement ces éléments avec d'autres, inédits, s'ils sont manquants (si je vois une serrure, je dois trouver une clef. Si une banane est fixée trop en hauteur, je dois trouver une caisse). Ce qu'on appelle des capacités synthétiques (aptitude à regrouper sous forme d'un tout plusieurs parties autrement dispersées). L'insecte a donc mis en relation : le poids de sa tige avec sa force musculaire (il peut la soulever) ; la gravité de la tige qui peut retomber si on l'extirpe avec son abdomen qui la bloque (la tige ne doit pas rechuter vers le bas si on la tire) ; la taille de son corps avec la taille du trou dans la plaque (son organisme peut s'y glisser, autrement son action de déloger la tige serait inutile). Certains jeux vidéo exigent de nous d'exploiter cette intelligence visuelle. Ils nous confrontent en effet à des problèmes que nous n'avons pas naturellement rencontrés (auquel cas nous les résoudrions sans véritable plaisir). Il faut par exemple distinguer dans des lieux et dans notre inventaire des objets qui peuvent être utiles ou inutiles, afin de savoir comment les combiner, où et avec quoi. Plus le joueur reconnaît la qualité des énigmes plus celles-ci l'incitent à persévérer. Certains jeux peuvent pousser la difficulté à un niveau élevé, notamment lorsqu'ils exigent de nous que nous comprenions *quand* il nous faut effectuer une série d'actions. Ce qui a été le cas d'anciens jeux tels que *Maupiti Island* ou l'horrifique *Darkseed*. Le joueur, la plupart du temps, ignorait qu'il avait définitivement perdu la partie puisqu'il ne savait pas qu'il lui aurait fallu adopter à tel moment de la journée ou de la nuit, telle attitude, ou accomplir telle action.

Troisième exemple : l'union de l'âme et du corps, de la volonté et du corps

Les jeux de plate-formes reposent sur la construction de différents réflexes. Le joueur doit aussi bien comprendre l'ordre des différentes actions à effectuer que coordonner ses gestes. Les joueurs pestent contre eux lorsqu'ils échouent parce qu'ils reconnaissent soit ne pas avoir appuyé sur la touche au bon moment, soit avoir appuyé sur la mauvaise touche alors qu'ils savaient qu'elle n'était pas la bonne. La pensée reconnaît qu'elle ne maîtrise pas son corps et recherche pourtant la coordination efficace. Savoir ce qu'il faut faire (savoir déclaratif) et savoir comment le faire (savoir procédural) sont deux connaissances différentes. Il existe un décalage intéressant entre ce que la pensée sait qu'il faut faire et le corps qui ne réussit pas à faire ce que lui ordonne sa volonté. De tels jeux montrent que la docilité du corps n'est qu'apparente, que toute docilité est conquise plutôt qu'acquise. Le danseur ne le sait-il pas ? Tout autant que le joueur. Nous avons oublié à quel point nous avons appris des gestes que de tels jeux nous obligent à rectifier. La pensée doit ainsi créer les conditions d'une harmonie entre elle et son corps. Il faut nuancer ce célèbre propos de saint Augustin : *« L'esprit commande le corps et le corps obéit. L'esprit se commande à lui-même et trouve de la résistance »*. Il faut reprendre la première affirmation : l'esprit veut commander au corps mais découvre dans des situations nouvelles sa maladresse, sa résistance. Notre corps nous obéit, mais mal le plus souvent. Il ne nous obéit que dans des situations habituelles tout en se révélant moins docile dans des configurations inhabituelles. Les jeux de plate-formes sont de formidables révélateurs des conflits ou des maladresses entre la mécanique corporelle et la volonté qui souhaite s'approprier son corps en l'apprivoisant. D'autant plus dans des situations d'urgence ou chronométrées (ainsi de *Super Meat Boy* ou du non moins intéressant *Slime San*). La volonté doit alors s'exercer pour créer une nouvelle machinerie réflexe qui n'est pas naturelle, et ce, en luttant contre la précipitation ou la lenteur. Les jeux de combat (*Mortal Kombat, Injustice*), de même, possèdent une liste de personnages avec des listes de coups personnalisés qu'il faut aussi bien mémoriser que réussir à exécuter efficacement dans des conflits extrêmement rapides – ce qui peut être une véritable prouesse. Cela nécessite de la mémorisation ainsi qu'une véritable agilité, d'autant plus que les commandes à effectuer sont inversées si les personnages modifient leur position spatiale (le joueur à gauche se retrouve à droite ou inversement). Dextérité, habileté manipulatoire, agilité, souplesse – sont des aptitudes que le jeu vidéo développe et renforce. Ce qui permet une meilleure union âme et corps.

2.3 Jeu et auto-information

L'activité vidéoludique exploite des aptitudes : elle est donc inséparable d'une forme d'apprentissage en acte. Pour le démontrer, rappelons le concept malheureusement oublié du philosophe Raymond Ruyer et son intérêt : *l'auto-information*. Interrogeons par exemple un individu pour résoudre un problème mental, et demandons-lui combien de diagonales il est capable de tracer dans un pentagone. Le sujet ne dispose pas déjà de la réponse et, par conséquent, est obligé d'essayer intellectuellement. Il imagine une figure à partir de laquelle sa pensée visuelle va chercher à répondre. Ses tentatives sont des essais de possibles. La figure mentale est subordonnée à une norme qui n'appartient pas à l'image mais « à l'esprit qui essaie l'image en la précisant et qui, ainsi, s'informe lui-même ». Le dessin que cherche abstraitement à tracer l'individu pour répondre est à la fois une auto-information et une tentative pour vérifier la pertinence de sa réponse. L'objectif de R. Ruyer est de montrer à partir de cette simple expérience qu'on peut penser un *« connaître en faisant »*[27]. Il ne s'agit en effet ni d'une acquisition de connaissances *après* une action ni d'une action *à partir* de connaissances préalables. Il n'est pas question de prendre connaissance des diagonales tracées et de leur nombre (puisqu'on tente de les tracer, on essaie) ni de réaliser des diagonales en dépensant de l'énergie musculaire (on ne le fait que mentalement). Il s'agit de savoir combien on peut en tracer en usant de son imagination qui visualise la scène. Ruyer montre ainsi qu'il n'existe pas seulement des activités intellectuelles qui partent de leur connaissance pour agir à partir d'elles ; ni d'actions qui, une fois finies, pourraient être contemplées par la pensée qui observe le résultat : il existe un « connaître en faisant », une acquisition de connaissances à travers les actions qu'on réalise et dont on prend conscience en pleine activité. Si R. Ruyer prend ici l'exemple d'un problème mathématique, il considérera d'autres exemples pour penser la genèse des inventions techniques comme la verseuse ou l'astronautique[28]

Le philosophe veut ainsi démontrer que si les auto-informations ne sont pas des connaissances préalables contenues dans une pensée, alors les idées ne sont pas déjà innées et entreposées dans notre esprit. Or, plusieurs genres de jeux nous obligent à pratiquer des connaissances par auto-information : jeux d'aventure, casse-tête, énigmes, gestion, simulation. Nous apprenons à faire tout en apprenant en faisant. Nombreux sont les jeux qui évitent de confronter le joueur à des séquences qui lui demandent d'utiliser des connaissances qu'il possède déjà et qu'il devrait répéter. Le joueur qui finit un jeu doit s'apercevoir qu'il est différent de celui qu'il a été lorsqu'il a commencé : apprentissage d'un gameplay inédit, résolution d'énigmes dont les réponses étaient inconnues, développement d'un sens tactique qui lui faisait défaut puisque l'IA du jeu ne lui était pas familière. Auto-information corporelle (gameplay) et intellectuelle (résolution de casse-têtes). Les jeux d'aventure Point & Click tels que *Day of the Tentacle, Sam & Max, Windosill* ; les jeux d'énigmes tels que les *Myst* ou *Raven* ; les enquêtes *Noir Chronicles, Enigmatis 2* ou *Dark Arcana* qui supposent un joueur capable de collecter des informations : tout cela exige qu'on « essaye mentalement des possibles » : il s'agit de penser tout en visualisant et en interagissant avec les décors. Il nous faut relier ce que l'on voit avec ce que l'on sait, avec ce qu'on suppose et avec ce qu'on essaie ; puis avec ce qui se passe à l'écran lorsqu'on tente une action afin d'espérer mieux agir, mieux anticiper, et ce, *en tentant, corporellement et mentalement*. Nous essayons des possibles non plus à partir d'une image mentale fixe (le pentagone de Ruyer) mais à partir des écrans qui réagissent à nos tentatives par de nombreuses animations et réactions.

3.1 Interaction, sensorialité et perception. Première remarque

La perception humaine se construit à partir de notre corps et de sa sensorialité. Notre organisme explore activement son environnement et les objets sont évalués à partir de nos pouvoirs moteurs : les objets sont ainsi « ce que nous pouvons déplacer, soulever, sentir ». Ils s'adressent d'abord à notre motricité avant notre jugement intellectuel. Le proche et le lointain s'organisent même au départ à partir de notre emplacement corporel dans l'espace. Si nous affirmons « Le vase est sur la table » et non « La table est sous le vase » c'est parce qu'il existe un ordre de priorité qui s'organise à partir du référentiel corporel : si je veux déplacer la table, il me faut d'abord enlever ce qu'il y a dessus. De même, si nous préférons laisser la table immobile, alors elle devient le référentiel à partir duquel retirer ou placer des objets. La sensorialité (la vue, l'odorat, le toucher, l'ouïe, le sens de l'orientation, le goût, le sens thermique) met également en forme le monde tout autour de nous (je vois l'eau qui semble froide). Ce que je perçois est donc ce que je peux sentir, toucher, soulever ou goûter. Il importe aussi d'analyser la taille de notre organisme si l'on souhaite penser correctement la vision. Le réel se dévoile en effet à nous selon une certaine échelle qui donne un sens aux objets tout comme une atmosphère aux lieux avec lesquels nous entrons en relation. *L'homme qui rétrécit* écrit par Richard Matheson est une fiction révélatrice à ce sujet : le personnage principal se met à rapetisser. La diminution de sa taille engendre l'augmentation de la taille des lieux et des objets. De sorte alors que son rapetissement modifie l'échelle des objets aux alentours. Si les formes deviennent de plus en plus grandes au fur et à mesure de sa petitesse, leur signification se métamorphose en même temps. Le chat qui est un animal domestique pour l'adulte finit par devenir un prédateur effrayant lorsque l'homme qui rétrécit ne mesure plus que soixante centimètres. De même, une éponge devient un matelas sur lequel dormir, une épingle devient une lance pour attaquer une araignée dans sa toile, une règle devient un pont à traverser si elle est positionnée entre deux tables, le feu du chauffe-eau devient un autel sacré qui flambe, les marches d'un escalier deviennent des obstacles à gravir, etc. On peut aisément poursuivre l'expérience mentale : un panier devient un casque pour un jeune enfant mais une bague pour un géant ; une cuillère reste une cuillère pour un adulte mais ressemble plus à une catapulte pour un bambin. Si j'affirme que la branche de l'arbre est souple c'est parce que je saisis la branche avec ma force musculaire et par rapport à la taille de mon corps. Pour l'oiseau qui est plus petit, la branche est rigide et perçue plutôt comme un support. Notre vision ne saisit donc pas directement des objets *devant* notre corps : elle saisit indirectement le rapport entre notre corps (sa taille et ses pouvoirs) et les objets environnementaux (leur échelle).

Or, le jeu vidéo nous permet aussi bien d'apprendre à modifier le sens des objets perçus que l'esthétique des lieux avec les personnages que nous incarnons. On parle de personnage. Mais de quel être parlons-nous ? Car il nous est possible de manipuler un chat, une souris, un renard, un oiseau, une oie puis de les orienter dans un environnement que nous percevons soit à partir du point de vue humain classique, soit à partir du point de vue de l'animal. Dans les deux cas le jeu reconfigure la signification des objets et l'esthétique du décor. Si j'incarne en effet un chat je reconnais les objets qui me sont familiers en tant qu'humain tout en devant pourtant apprendre à les percevoir du point de vue du félin. Les pouvoirs corporels de l'animal (course, saut, dextérité) sont différents de nos propres pouvoirs moteurs et nous devons alors ré-apprendre à percevoir les significations des objets à partir du nouveau corps que l'on habite : la table devient « ce sous quoi je peux me protéger », « ce sur quoi je peux sauter » (en tant que chat) et non « ce sur quoi je peux poser un vase, etc... » (en tant qu'être humain). C'est ainsi que le jeu *Stray* propose certaines séquences avec un félin sur des toits. Les environnements, de même, peuvent connaître une nouvelle dimension esthétique puisque leur familiarité disparaît et laisse place à une plus grande étrangeté. Dans *Little Nightmares* nous manipulons une petite créature qui déambule dans une cuisine qui lui paraît horrifique vu son gigantisme. Les objets (plats, chaises) ont des significations différentes : « ce derrière quoi je puis me cacher », « ce sur quoi je peux grimper pour me me déplacer ». Le trou dans le mur est « ce à travers quoi je peux fuir ». Un objet utile pour un humain devient un obstacle pour un petit être. Le biologiste Jacob von Uexküll avait essayé de dessiner dans un essai un même lieu perçu tantôt par l'homme, tantôt par tel autre animal (le chien, la mouche)[29]. Force est de constater que le jeu nous suggère de manière dynamique et ludique cette différence. Mais il nous propose également de découvrir d'un point de vue esthétique insolite des lieux pourtant familiers. Le sociologue et psychologue Gabriel Tarde écrivait : *« On juge sublime une chose qu'on jugerait laide si elle était petite. On juge laide une chose qu'on jugerait sublime si elle était grande. Supposez un petit ravin, un trou de taupe, agrandi aux dimensions d'une gorge alpestre, d'un cratère volcanique, cela approche de la sublimité »*[30]. Grâce au personnage et au changement d'échelle, on peut présenter de manière agrandie pour son personnage ce qui, pour nous, humain, aurait été petit. Dans *Flower*, le joueur incarne des pétales qui s'élancent à travers des champs ou des bois : les endroits sont alors perçus en fonction de la taille des fleurs, de leur course et de leur vitesse à travers le vent. Nous apprenons ainsi à redécouvrir l'ampleur des bois et des champs à partir d'autre chose qu'un corps bipède avec sa pesanteur et sa taille. Les jeux *Unravel*, *Unravel 2* nous proposent à leur tour d'incarner un personnage sous forme de pelote de laine qui se trouve dans des lieux (salon, plage, garage...) qu'on perçoit depuis sa petite taille. Un simple ruisseau anodin et insignifiant pour l'humain devient une véritable mare en apparence profonde. Un seau devient une tour. Le joueur a l'impression de voir autrement (du point de vue de la pelote de laine) ce que pourtant il reconnaît de par son expérience personnelle humaine. Dans son récit *Micromégas*, Voltaire imaginait de tels changements de points de vue à partir d'un géant observant la Terre : la Méditerranée devient une « mare presque imperceptible », le Grand Océan « un petit étang », les grands fleuves « de petits ruisseaux » (...)[31]. Le jeu vidéo nous dévoile le monde à partir de plusieurs échelles qu'il adapte aux personnages tout en nous permettant de le redécouvrir. Il crée les conditions d'un dépaysement.

3.2 Seconde remarque

Lorsque la philosophie et la biologie considèrent la mise en forme de notre environnement, la problématique abordée en priorité est celle de la calibration des informations sensorielles. Cette expression en apparence complexe signifie simplement que les sens entrent en relation les uns avec les autres pour construire l'unité des objets perceptifs. Le rapport entre nos sens est pourtant plus surprenant qu'on l'imagine. Dans une remarque consacrée à la perception des couleurs, Bernard Werber note qu'un carton bleu marine paraîtra plus lourd qu'un carton jaune vif. De même, un bruit paraîtra plus intense dans une pièce blanche que dans une pièce mauve. Le noir rétrécit notre perception des volumes, contrairement à l'orange qui les élargit[32]. L'interaction des sens ne contribue plus ici à construire l'unité d'un même objet mais devient ce qui modifie la vision elle-même des volumes, l'intensité des bruits ou le poids apparent des objets. L'écrivain Erri De Luca qui pratiquait l'alpinisme, notait que sa perception des montagnes était différente selon que tout était calme ou au contraire venteux : *« Une cime himalayenne sans vent est muette, une église vide. Sans vent, c'est comme si le créateur du monde s'était retiré pour nous laisser un espace »*[33]. Le jeu vidéo est le terrain expérimental propice à toute une reconfiguration de nos perceptions et de nos sensations : il propose des combinaisons de musiques, de couleurs, de lieux, de sons et d'échelles pour construire des mondes perceptifs originaux. L'usage même du grain dans l'image comme sur une pellicule (*The Last of Us 2*) transforme l'atmosphère même des lieux. Dans leur excellent *Making of*, les créateurs de *Silent Hill 2* expliquent que dès le début du jeu le personnage qui s'éloigne du parking où il a garé sa voiture, est obligé d'emprunter à pieds un long chemin parsemé de bruits peu familiers. Le chemin paraît étrange et angoissant. Puis, une fois arrivé dans un village, face à la porte d'entrée d'un immeuble dont il ouvre les battants, le joueur se trouve immergé soudainement dans une pièce noire totalement silencieuse. Les programmeurs expliquent que le contraste vécu entre, d'un côté, les bruits étranges entendus un certain temps en extérieur, de l'autre, le silence soudain dans une pièce noire, engendre une plus grande angoisse qu'un silence qui aurait été constant lors de toute la séquence. Le silence *d'un coup* dans le noir *après* une course en plein jour pleine de sons mystérieux, déstabilise. Il est bien évident que le choix des musiques engendre une altération de la perception : un *space opera* qui propose une musique lente contribue à renforcer la solitude des lieux alors qu'une musique spectaculaire donne une impression épique aux paysages stellaires puisqu'on pressent qu'on va les explorer. La musique de Strauss *Ainsi parlait Zarathoustra* sur certaines séquences du film *2001 L'odyssée de l'espace* de Stanley Kubrick propose une signification de la perception différente de celle qu'on pourrait voir sans le son (le lecteur peut ainsi voir le générique de 1968 sans le son et revisionner ensuite la scène avec la musique). Dans le premier cas nous ne voyons qu'un événement physique (l'apparition de la terre et du soleil dans le vide de l'univers). Dans le deuxième cas nous avons plutôt l'impression de percevoir la naissance d'un monde dans un univers empli d'un pouvoir inconnu. La musique suggère une naissance et un mystère.

Il est surprenant qu'on n'ait pas pensé à faire l'éloge de cet aspect dans le domaine du jeu vidéo alors que les critiques d'art ont pu, à une certaine époque, s'extasier de l'opéra wagnérien. Rappelons la conception de l'opéra selon Wagner : le grand compositeur a rassemblé tous les registres de la sensibilité en proposant une synthèse des arts[34]. Lors d'un même spectacle, différents moyens sont utilisés pour élaborer un ensemble qui se veut synthétique et diversifié : le drame, la parole poétique, la danse, la musique, les sculptures, la peinture se trouvent rassemblés en un même lieu. Il s'agit de réunir des sons, des paroles, des mots, des mouvements, des lumières en une seule composition. Au lieu de laisser les différentes formes artistiques dans leur indépendance (sculpture d'un côté, musique de l'autre) et dans leur mutuelle indifférence, Richard Wagner les rend dépendantes au sein de la totalité supérieure qu'est l'opéra. Il les enchevêtre. Ainsi, le geste d'une héroïne représentant son désespoir se trouve associé au fortissimo de l'orchestre accentuant ce même désespoir dans un décor mettant en valeur le tragique de la situation. La totalité des sens se trouve donc volontairement sollicitée. Le compositeur a cherché à rassembler différentes formes artistiques traditionnelles en les considérant comme des parties ayant sens dans un tout plus vaste. Dans un bâtiment, il est possible de concilier : sculptures, répartition de la lumière, organisation de l'espace, diffusion spatiale de la musique, danse des acteurs (etc.). Cette conception de l'art a certes été critiquée par la suite, notamment par Kandinsky ou le Bauhaus (qui proposaient pourtant une réunification des arts différents mais dans un contexte non figuratif) mais l'originalité du monde vidéoludique devient ici visible. Car la programmation informatique permet une véritable synthèse entre différents arts ainsi qu'entre divers styles par un effet multiplicateur que même l'opéra ne pourrait reproduire sans ordinateur. On peut mélanger dans un jeu : musique, image photo-réaliste ou virtuelle (ou les deux), enregistrements vocaux, couleurs, textes, extraits cinématographiques, documentations, photographies, etc. Le jeu vidéo permet de développer de telles compositions pour former des spectacles qui se veulent grandioses en mélangeant des styles visuels, musicaux et textuels totalement différents. Mais surtout, le jeu peut mélanger différents plans de caméra, imbriquer des séquences de gameplay avec des cinématiques, produire différentes perspectives, fusionner de la musique avec un inventaire. De nombreuses revues ont fait l'éloge du style esthétique et musical des menus d'un jeu tel que *Persona 5*. Là où Wagner insiste sur le tragique du geste en rajoutant celui de la musique et de la mise en scène, le jeu vidéo se permet des combinaisons inédites : violence de la mise en scène assortie d'une musique humoristique (etc...) ; musique mature et adulte sur un jeu au graphisme enfantin et monochrome donnant une profondeur insoupçonnée ; séquences avec des plans de caméra totalement différents ; intégration de cinématiques avec des phases de Quick Time Event (QTE), etc.

3.3 Troisième remarque

L'importance de la sensorialité devient également visible si l'on prend en compte l'invention des diverses manettes au cours de l'histoire des différentes générations de consoles : joystick muni d'un seul bouton pour la console Atari VCS 2600, manettes avec croix directionnelle, manette dotée de sticks analogiques, manettes vibrantes ou bien dotées de gâchettes avec retour haptique, manettes Wii mote avec détecteur de mouvements, etc. Pour comprendre l'importance de ces innovations qui mobilisent de plus en plus les sensations tactiles (vibrations, pressions haptiques, tremblements, haut parleur intégré, luminosités différentes autour du pavé tactile de la manette sur les dernières consoles de Sony), l'expérience dite de la main en caoutchouc en neurosciences s'avère parlante. Cette expérience, effectuée en 1998 par Matthew Botvinick et Jonathan Cohen, a été publiée dans la célèbre revue *Nature*. Elle analyse la complexité de ce qu'on nomme notre proprioception. Nous avons l'impression de savoir où naturellement se trouvent nos membres (pieds, mains) sans nécessairement les observer. On demande à un sujet assis de mettre ses mains face à lui, posées sur la table. On cache ensuite à l'aide d'un panneau la vision de sa main gauche. On décide ensuite de mettre face à lui de manière visible une main en caoutchouc. L'expérimentateur décide alors de frotter, en même temps au même endroit et dans le même sens, certaines parties de la main réelle (invisible) et de main artificielle (visible). Le sujet qui est toujours assis finit par avoir l'impression assez troublante que les sensations qu'il éprouve sont situées sur la main en caoutchouc qui lui fait face. Cette identification échoue cependant si les gestes sont mal synchronisés de la part de l'expérimentateur. Mais ce qui est remarquable, c'est que lorsque ce dernier tente de manière imprévue d'adopter un geste de menace face à la main en caoutchouc, le sujet éprouve une grande angoisse. Ce qui signifie qu'il considère progressivement cette main factice comme une partie de son corps réel. Le sentiment de ce qui nous appartient est donc construit par notre cerveau qui privilégie ici le toucher et la vision.

Or, les gâchettes qui utilisent des vibrations ont les mêmes effets que de telles expériences puisque le joueur finit par attribuer les sensations qu'il éprouve aux objets qu'il perçoit à l'écran. Les touches haptiques de la dernière console de Sony (PS5) sont capables de s'adapter aux objets que manipule le personnage. Si ce dernier utilise un arc, comme on peut le vérifier avec le jeu *Horizon Forbidden West*, la pression sur la gâchette se met à imiter la vibration de la corde tout en s'effectuant avec une certaine résistance. Le joueur finit donc par avoir l'impression de réellement tendre un arc. Dans certaines séquences de *Resident Evil Village*, les même gâchettes à pression émettent des bruits différents et des résistances différentes selon les armes utilisées par le personnage. L'usage du fusil à pompe suppose de devoir presser fortement la gâchette (qui devient ainsi comparable à une gâchette de fusil) alors que presser la détente du pistolet devient beaucoup plus souple. À nouveau, le joueur finit par transférer ses sensations tactiles sur ce que lui montre sa vision afin de croire directement presser les gâchettes des armes utilisées. Les stick analogiques permettent à leur tour une meilleure manipulation physique des personnages ou des objets environnementaux que les croix directionnelles d'une manette ne peuvent en aucun cas rendre possible. Si l'on incline lentement le stick alors le personnage se met à marcher, tandis qu'une inclination brusque et forcée provoque sa course. Dans de nombreuses simulations de Trial (*Trials HD, Trials Evolution*), le joueur manipule une moto et doit surmonter des obstacles verticaux comme horizontaux, en gérant minutieusement les pressions du stick en fonction des stratégies à adopter pour réussir à franchir un parcours. Une fois de plus, la gestion tactile finit par produire cette illusion de manipuler directement l'engin motorisé présent à l'écran. Ces leurres sensoriels permettent une immersion et expliquent pourquoi nous ne sommes pas de simples spectateurs. Même dans un ancien jeu doté d'une simple manette, le fait d'aller à gauche est directement interprété comme l'expression du mouvement physique du personnage perceptible à l'écran. Mise en scène et création de styles, invention de relations entre joueurs et personnages, activation de différentes capacités (sens de l'orientation, correction visuelle, dextérité, etc.) par des interfaces et transposition des sensations du joueur dans l'écran animé via des dispositifs factices : tels sont les invariants constitutifs des jeux vidéo.

4.1 Vie et mort dans le jeu vidéo

Vie et mort sont intimement liées puisque la mortalité, loin d'être un accident, est un trait constitutif de notre condition d'être vivant. D'après certains essayistes, elle est même un moyen inventé par la vie pour lutter contre le vieillissement de l'espèce qui, autrement, compromettrait sa survie : la procréation sexuelle (qu'on confond avec la « reproduction ») permettrait de renouveler des combinaisons pour produire de l'inédit. Elle serait un moyen pour rajeunir l'espèce en créant de nouvelles possibilités garantissant les futures adaptations de nos descendants. La procréation sexuelle est ainsi une forme de rajeunissement et une réouverture des possibles. Même le transhumanisme aujourd'hui qui prétend rendre l'homme immortel s'illusionne sur ses prétentions. Car supposer des possibilités permettant de lutter contre le vieillissement des organes et leur détérioration, d'inhiber certaines causes du vieillissement cellulaire, n'empêchera pas la mort de toujours provenir de causes extérieures : chute de plusieurs étages, attentat terroriste à la bombe, noyade, fusillade, empoisonnement (etc.). La modernité se définit à partir d'un paradoxe en raison des progrès des sciences de la vie : plus on rationalise la vie pour en comprendre les mécanismes, plus la mort semble étrangement un accident mécanique qu'il est possible d'empêcher (par exemple, lorsque l'on diagnostique un décès par arrêt cardiaque, on imagine qu'il eut été possible de remplacer l'usure de l'organe par un nouveau). L'être humain sait qu'il est mortel. Il sait qu'il doit mourir (nécessité) et pas seulement qu'il va mourir (fait). La mort est ainsi une fatalité, un horizon nécessaire et impossible à esquiver (juste à retarder). La conséquence est la suivante : si nous sommes une espèce qui avons conscience d'un fait (la mort) nous configurons en retour nos choix pour décider comment organiser notre vie au mieux. L'image que nous posséderons de la mort rétroagira sur notre manière d'exister au quotidien. Si nous la considérons par exemple comme une étape avant une résurrection dans un Au-Delà, nous nous organiserons conformément aux manières de vivre que le Dieu de notre foi exige de nous (les chrétiens ne vivent pas comme les Vikings croyant au Walhalla). Celui qui croit plutôt aux métempsychoses prendra des précautions de son vivant pour ne pas tuer certaines espèces. Celui qui croit en un cycle des résurrections, fonction d'un bon karma, organisera également sa vie d'une façon toute différente. Le philosophe André Comte-Sponville a donc raison d'affirmer que la conception de la mort chez les êtres humains rétro-agit sur leur manière de vivre et de penser la vie[35].

Mais pourquoi, s'étonnera notre lecteur, un tel détour par des réflexions biologiques et philosophiques alors que notre ouvrage est consacré au monde vidéoludique ? Pour deux raisons qui ont un point commun : la conception de la mort proposée par un jeu vidéo rétro-agit sur notre propre manière de comprendre l'expérience qu'il nous propose. Comprendre ce que signifie mourir dans un jeu permet de comprendre ce que signifie vivre de manière virtuelle l'expérience conçue par une équipe de programmeurs. La mort et la vie sont complémentaires au sein de nombreux jeux vidéo (à l'exception des jeux narratifs, des simulations sportives ou des Point & Click). Pour comprendre la nature de l'expérience qui nous est offerte il faut impérativement comprendre la place de la mort dans un jeu. Le *sens* de l'expérience vidéoludique dépend en effet des *fonctions* attribuées à la mort dans la narration. La mort n'est pas une fin définitive mais un moment qui va donner sens à l'expérience. Selon la manière de penser la mort, des genres de jeux vont pouvoir alors se mettre à exister. Considérons le mode survie qui rend la mort définitive et donc punitive. Punitive en ce qu'il est nécessaire de recommencer la totalité de l'aventure ; punitive encore en ce qu'elle nous rappelle notre incompétence et notre imprévoyance. Dans un jeu tel que *Don't Starve*, la mort implique un retour à la case départ mais le recommencement ne signifie pas que le cheminement sera identique puisque l'aléatoire va reconstruire : décors, dangers, intempéries, pièges, saisons et nourritures à disposition. Ce qui est totalement différent de cette autre expérience qui consiste à devoir rejouer des séquences répétitives et identiques car s'inscrivant dans une narration où l'aléatoire et le hasard n'ont plus aucun rôle : il est demandé cette fois-ci au joueur de mémoriser l'emplacement des pièges et des dangers qu'il a négligés afin de progressivement les esquiver par la suite. Il s'agit ici d'un apprentissage par l'essai et l'erreur. Ce qui est le cas le plus souvent de certains jeux d'action ou de plate-forme (*Crash Bandicoot, Hominide HD*). Dans le premier cas, il s'agit de développer notre intelligence qui vise à comprendre des mécanismes généraux auxquels il va falloir nous adapter sans cesse à chaque partie puisque rien n'est identique (on nous demande de savoir survivre dans un univers où le hasard est organisateur) ; dans le second cas, il s'agit d'apprendre à développer notre mémorisation (danger à tel moment, à tel endroit) pour ne pas répéter maladresses ou inattentions au sein d'une aventure identique. Les rôles attribués à la mort et à la vie seront encore plus différents dans les roguelike. Dans un tel genre en effet, le joueur qui meurt engrange des points d'expérience pour choisir d'augmenter des statistiques, des bonus et des malus, lesquels permettront de recommencer en étant plus compétent. Ce qui permet de revivre l'expérience différemment tout en ayant l'impression d'avoir entre-temps modifié son personnage qui ne se contente pas de resurgir en étant identique (ce qui n'est pas le cas de *Don't Starve* cité plus haut). D'autres systèmes ont pu être inventés pour modifier toute l'expérience : *Another World*, créé par Eric Chahi en 1991, propose une expérience de jeu qui se déroule par séquences. Le joueur parcourt un univers en déjouant des pièges et, en cas d'échec, recommence au départ la partie qu'il a ratée avec toute la série d'obstacles. Il n'y a ni *game over*, ni nombre de vies prédéfinies. Dans le jeu indépendant *Minit*, nous déplaçons un personnage dans une petite île qui meurt toutes les soixante secondes. Il nous faut nous promener, trouver des objets, comprendre leur utilité, mémoriser les lieux où l'on peut les utiliser, résoudre différentes énigmes. Dès que nous réussissons à débloquer des accès et à résoudre un problème, le jeu conserve nos réussites et le personnage qui ressuscite peut continuer à explorer le monde qu'il a modifié. Mais la brièveté de l'espérance de vie du personnage nous demande le plus souvent de mémoriser l'emplacement d'un objet, l'itinéraire qui y conduit, l'endroit où on peut l'utiliser afin de ne pas périr avant le compte à rebours. Une très bonne mémoire est demandée au joueur qui risque sinon, d'errer ou d'hésiter, et de périr avant d'avoir réussi à débloquer des accès.

Prenons certains Die & Retry tels que : *Dark Souls, The Surge, Lords of Fallen, Remnant, Sekiro : Shadow dies twice, Wo Long : Fallen Dynasty, Lies of P, Steelrising*. Le joueur est constamment confronté au dilemme suivant : avancer pour rencontrer des ennemis de plus en plus coriaces lui donnant en contrepartie des points d'expérience qui lui permettront d'améliorer ses compétences, au risque toutefois de les perdre intégralement s'il meurt ; revenir sur ses pas au point de contrôle pour faire usage des points accumulés afin de monter ses statistiques puis retourner alors au combat plus fort mais avec la résurrection de tous les ennemis décimés. Plus le joueur avance sans retourner au point de contrôle, plus les points accumulés sont importants ; plus le risque grandit de mourir face à des ennemis de niveaux supérieurs, plus fort alors le danger de perdre son expérience, et plus grand alors sera le risque de la récupérer à l'emplacement de la mort du héros ; à l'inverse, plus le joueur s'achemine lentement en retournant fréquemment au point de contrôle pour renforcer ses statistiques, plus il avancera lentement dans le jeu et plus il se confrontera à la résurrection des ennemis lui donnant l'impression d'une tâche herculéenne et répétitive. La mort n'est pas ici l'arrêt de l'aventure qu'il faut simplement recommencer mais un moment qu'il faut intégrer dans des choix dont le joueur sent qu'il est l'unique responsable. Il pourra se punir de son imprévoyance ou de sa témérité, comme se lasser de ses trop grandes précautions qui l'obligent à répéter des combats contre les mêmes vagues d'ennemis ressuscités encore et encore. Une telle gestion de la mort, on le vérifie, est ici totalement différente de celle que proposent des jeux qui nous font ressusciter au dernier point de contrôle (les fameux Checkpoint) sans réintégrer les ennemis décimés. Dans une telle situation, la mort n'est qu'un artifice puisque le fait de mourir ou pas n'engendre aucune réelle différence dans l'expérience. Ce système de jeux est encore totalement différent des dispositifs qu'on trouve le plus souvent dans les jeux de combat (*Double Dragon*) qui nous dotent d'un nombre de crédits limités. Un tel système permet au joueur de vivre de manière permissive certains échecs : cependant, plus il échoue et moins il a de vies possibles pour continuer ; moins il lui reste de crédits en approchant de la fin du jeu, et plus la gestion de son stress est difficile et l'énervement garanti en cas d'échec. Plus récemment, le jeu indépendant *Sifu* a reçu de nombreux éloges pour l'innovation de son système. Il nous propose un jeu de kung-fu et plusieurs endroits à traverser avant d'en voir la fin. Le jeune personnage commence à un certain âge. Lorsque nous échouons, il vieillit et reçoit une série de bonus (liés à l'expérience de l'âge) et de malus (toujours liés à l'âge). À partir d'un certain âge (70 ans), le jeu s'arrête définitivement. Le joueur doit donc réussir à gérer au mieux le nombre de ses décès : plus je décède, plus je deviens puissant mais fragile ; plus je suis fragile, plus ma barre d'endurance est réduite et plus je peux mourir de plus en plus vite. Plus j'arrive alors vers la fin du jeu avec un nombre de vies réduites, plus le succès est compromis et l'angoisse du joueur élevée (en effet, il lui faudrait reprendre depuis le début de l'aventure en cas d'échec). On le vérifie, il est impossible de comprendre le sens d'une expérience vidéoludique sans celui donné à la mort. Le concept de la mort dans le jeu construit le sens même de l'expérience. L'innovation repose ainsi le plus souvent sur la conception accordée à la mortalité : le challenge, les échecs et les épreuves ne sont plus les mêmes et n'ont plus le même sens.

Une autre conséquence capitale découle aussi de cette réflexion. Les critiques adressées aux jeux vidéo se focalisent le plus souvent sur l'immersion et leur dimension réaliste. Elles constatent qu'il est possible d'assassiner, de tuer, de torturer ou de planifier des exécutions dans certains types de jeux. D'où leur hantise à l'égard de telles ambiances supposées inciter à la violence ou à l'agression dans la vie quotidienne. Un tel reproche prouve plutôt la méconnaissance fondamentale de l'expérience vidéoludique puisque cette dernière repose en partie sur la manière dont la mort est conçue puis intégrée au jeu. Les différents rôles accordés à la mort, on l'a vu, sont pluriels : elles n'ont pas la même signification dans un RPG, un roguelike, un Die & Retry, un jeu de plateforme ou de survie. La mort est dans un jeu le signe de l'échec. Ce que l'on nous demande d'accomplir est donc en étroite dépendance avec ce que signifie échouer. Ce que signifie mourir dans un jeu est bien évidemment différent de ce que signifie mourir dans la réalité. Mourir est un « moment » alors que dans le réel l'événement est une fatalité. La mort annule définitivement l'existence de toute la personne ; dans un jeu, elle signifie un recommencement : nous sommes confrontés au fait même de devoir répéter. Dans le Die & Retry on élimine des personnes *pour gagner des points d'expérience*. Dans un jeu d'action, on élimine des personnes *pour poursuivre un scénario*. Dans jeu de plateforme on succombe *pour nous obliger à surmonter des défis*. Le sens des actions dépend donc de cette subordination à la mort. Non seulement le fait de tuer ou d'assassiner dans un jeu vidéo est fictif (je commets de telles actions pour de faux) mais les raisons pour lesquelles on me demande de survivre ou de vivre sont elles aussi fictives (gagner de l'expérience, poursuivre un scénario, surmonter un défi). Si le joueur comprend que la mort dans un jeu a une fonction irréaliste, il comprend que la violence, les meurtres ou les combats ont également une fonction irréaliste. La mort, la violence, le meurtre peuvent donc être retranscris à l'écran de manière réaliste tout en ayant pourtant un rôle complètement fictif. Insistons sur les conséquences de cette remarque : dans un Die & Retry ou un Hack'n'slash, la mort est un moment qui nous oblige à recommencer pour nous perfectionner. Or, tout joueur sait que cette conception de la mort n'existe pas dans la réalité (je ne me suicide pas pour revenir afin de recommencer). Mais alors tout joueur comprend que la *fonction* des comportements que l'on adopte est tout autant irréaliste : on ne nous demande pas de tuer pour de faux, de découvrir ce que signifierait assassiner d'un point de vue virtuel. On nous demande de poursuivre un scénario, de gagner de l'expérience pour progresser dans le jeu. Or, cela n'a d'intérêt que si nous mourrons et échouons. On ne nous demande donc pas de prendre plaisir à tuer ou à assassiner même pour de faux mais d'apprendre à éviter de mourir ou de nous faire tuer si l'on veut poursuivre l'histoire ou progresser. Et pour cela il faut engager le combat et accepter de mourir. C'est ce fonctionnement de la relation entre mort fictive et sens de l'expérience qui est au cœur du monde vidéoludique. L'oublier engendre une méconnaissance des vécus du joueur. Dans un jeu vidéo, ce n'est plus la mort qui est la fin (comme pour nous dans la réalité) mais le succès de l'aventure enfin menée à terme. Les événements virtuels que l'on perçoit (rôle de la violence, des combats, etc.) n'ont de place que dans cet horizon dont la fin est l'achèvement du scénario. En dehors de cette considération, le critique se méprend sur la portée des événements virtuels qu'il constate et exagère leurs supposées répercussions nocives dans notre vie quotidienne.

4.2 Diversité des manières de mourir et représentation de la mort à l'écran.

La philosophie ainsi que l'anthropologie aiment s'interroger sur la représentation de la mort au sein de notre espèce. Les questions sont souvent les suivantes : sommes-nous les seuls êtres vivants à avoir conscience de la mort ? La conscience de cet événement tragique est-elle innée ou acquise ? Vers quel âge survient-elle chez l'enfant ? Si d'autres vivants ont conscience de la mort, ont-ils conscience qu'elle est une fatalité et pas seulement un accident ? Savent-ils que toute forme de vie est mortelle (les insectes, les mammifères, les animaux à sang froid, bref, la totalité de la vie) ? Il existe aussi une question tout aussi cruciale et complémentaire concernant le rapport aux morts. Le fondateur de l'anthropologie thanatologique, Louis-Vincent

Thomas, pense qu'une culture humaine se définit essentiellement à partir des différents traitements qu'elle réserve à ses cadavres (embaumement, enterrement, crémation, tombes individuelles, entassement dans une fosse commune...) ainsi que par les diverses stratégies qu'elle propose à sa collectivité pour gérer leur angoisse d'être mortel[36]. Les nombreux jeux de rôle et d'aventure nous apprendraient pourtant à compléter utilement de telles considérations philosophiques puisqu'ils montrent que l'être humain ne pense pas « à » la mort mais plutôt « la » mort. Dans les jeux de rôle ou d'aventure en effet, il n'y a pas de mort « tout court ». Il existe : des morts héroïques (mourir au combat après avoir vaincu de manière acharnée une vingtaine d'ennemis) ; des morts humiliantes (mourir d'un coup en étant pris par traîtrise) ; des morts ridicules (vaincre des ennemis coriaces et tomber ensuite par mégarde d'une falaise) ; des morts injustes (combattre un ennemi proche de succomber mais périr d'un seul coup juste avant de l'achever) ; des morts naturelles (périr de déshydratation ou de faim suite à une mauvaise gestion des ressources dans un jeu de survie) ; des morts comiques (rappelons que Félix Faure est décédé en plein acte sexuel, ce qu'on appelle l'épectase, et qui valut à son amante le surnom moqueur de « pompe funèbre » inventé par Clémenceau). Bref, il ne s'agit plus de rappeler que la vie et la mort sont un couple de notions solidaires mais de considérer la variété des manières de vivre et de mourir. Le bon jeu de rôle ou d'aventure est celui qui montre qu'il n'existe pas seulement une vie et une mort « tout court » au sein d'une histoire mais des manières d'exister pour son personnage comme des manières de trépasser. En choisissant une classe de personnages, on choisit une manière de vivre tout en nous confrontant à des manières punitives de mourir. Nombre de jeux sont des explorations de telles possibilités : un joueur peut risquer de vivre de manière téméraire tout en finissant par mourir de manière risible. Il peut essayer de vivre de manière prudente mais mourir de manière idiote.

Une chose est donc de savoir que l'on va mourir, une autre de nous représenter la diversité des manières de périr. Une chose encore est de nous représenter de manière réaliste la mort, une autre de nous la représenter de manière irréaliste. Dans un jeu de plateforme le personnage doit le plus souvent partir d'un point A pour atteindre un point B qui sert de point de contrôle. Si le personnage échoue parce qu'il meurt entre-temps, il doit alors recommencer au point A. Le but est d'apprendre à connaître les obstacles et à persévérer en devenant agile et en cultivant de bons réflexes : la mort n'est pas spécialement mise en scène et n'est qu'un prétexte pour reprendre à zéro tout en testant notre patience. Elle est le plus souvent représentée de manière irréaliste : le personnage chute et disparaît de l'écran ou bien tournoie sur lui-même en donnant l'impression de s'évanouir comme dans de nombreux *Rayman*, *Mario* ou *Sonic*. Cependant, dans de nombreux jeux de rôle ou d'aventure la mort est mise en scène de façon réaliste mais de différentes manières également : noyade, chute, démembrement, décapitation, déshydratation, congélation, faim, intoxication, etc. Dans une série comme *Fallout* un joueur peut être estropié suite à une mine explosive et devenir ainsi vulnérable lors d'une course poursuite (on punit son inattention). Il peut également mourir d'empoisonnement suite à une exposition prolongée aux radiations s'il ne dispose d'aucune médication (on punit son imprévoyance). Dans d'autres jeux le personnage peut violemment mourir faute de disposer d'un niveau d'expérience suffisant pour parcourir la zone choisie (on punit sa témérité). La manière de mourir punit toujours une imprévoyance chez le joueur. On comprend alors la différence importante mais difficile à clairement distinguer entre échouer (c'est la faute du jeu) et punir (c'est de ma faute). De telles représentations ont certainement pour but de nous provoquer. Elles rappellent au joueur les différents paramètres qu'il n'a su gérer tout en lui rendant visibles la dureté du monde dans lequel il évolue et ses propres négligences : car ce qui arrive au personnage est le résultat d'une mauvaise gestion, une faute directe. Si mon personnage meurt dans d'atroces souffrances puisqu'il est affamé, on me rend visibles ses douleurs mais on punit mon imprévoyance. Un joueur peut ainsi être un bon tacticien, un bon organisateur puisqu'il ne mourra pas au combat. Mais il pourra périr par des pièges dissimulés. Rendre perceptible par une mise en scène la mort du personnage rappelle le type d'incompétences dont un joueur est la victime. Le jeu ne nous promet l'aventure qu'à la condition de nous rappeler qu'il n'y aura pas de grande histoire sans des manières terribles de mourir. Plus il existera diverses manières d'envisager la mort, et plus alors celles-ci rappelleront au joueur où se situent ses faiblesses. Tomber par mégarde dans une trappe nous rappelle notre mauvais sens de l'observation ; mourir affamé nous rappelle la faiblesse de notre organisation et de notre gestion ; périr au combat nous rappelle notre manque de sens tactique (etc...).

PARTIE 2

Idées reçues et préjugés sur les jeux et les joueurs

1.1 Petits préjugés à détruire. Digression nécessaire sur le questionnement

La philosophie est une discipline qui, bien avant de chercher à répondre aux questions, se demande si elles sont correctement posées. Quel peut être en effet l'intérêt de résoudre un problème mal formulé ? Pourquoi traiter une question si elle est idéologique ? Si on ne peut y répondre que parce que, au préalable, des éclaircissements doivent être faits concernant d'autres sujets ? Il est parfois nécessaire en effet de traiter des questions dans un certain ordre. L'art du questionnement est crucial puisque une interrogation oriente notre pensée *d'une certaine manière* à l'égard du réel. Il nous faut donc savoir si notre cheminement est judicieux. On comprend que des réponses puissent ne pas avoir de pertinence si les questions sont maladroites. De même, nous comprenons que les erreurs et les maladresses ne sont pas seulement du côté des réponses mais des questionnements eux-mêmes. Nous devons interroger la question elle-même, questionner la question. L'ethnopsychiatre Georges Devereux aimait citer à plusieurs reprises cette remarque d'un mathématicien : *« Selon le grand mathématicien Georg Cantor, il est plus important de poser une question correctement que d'en fournir la réponse. La réflexion est profonde car n'est-ce pas à ceux qui posent des questions – à ces taons qui aiguillonnent notre intelligence – que nous devons de prendre connaissance de problèmes dont nous nous serions volontiers détournés ? »*[37]. On le voit, l'intelligence ne consiste pas à répondre à des questions ou à résoudre des problèmes, mais à se demander au préalable si les problèmes qu'on veut résoudre sont pertinents. Le mot « détournement » a bien deux sens. Se détourner peut indiquer une fuite, une esquive du fait que la question embarrasse ou indiffère. Ce que le philosophe Pascal aimait rappeler : *« les choses sont vraies, ou fausses, selon la face par où on les regarde.*

La volonté qui se plaît à l'une plus qu'à l'autre, détourne l'esprit de considérer les qualités de celles qu'elle n'aime pas à voir ; et ainsi, l'esprit, marchant d'une pièce avec la volonté, s'arrête à regarder la face qu'elle aime ; et ainsi il en juge par ce qu'il voit »[38]. La pensée est donc idéologiquement ou affectivement orientée en raison de ses désirs et de ses intérêts. Elle veut choisir le plaisant en se détournant du déplaisant, qu'il s'agisse de réponses ou de questions (pourrait-on ajouter). Il s'agit d'un point de vue psychologique. Mais le même verbe rappelle que le détournement se fait malgré nous. Une question est nécessairement un chemin qui nous oriente vers le réel en délaissant les autres routes possibles. Il s'agit d'un point de vue logique puisque, par principe, poser une question, cela exclut d'autres formulations concurrentes. Il importe alors de savoir si le chemin emprunté conduit à percevoir du mieux possible notre objet d'étude, s'il nous situe par rapport à lui de la manière la plus correcte.

Le sociologue Raymond Boudon a donné un exemple simple et efficace. Nous pouvons poser la question « Quelle est la cause de la première guerre mondiale ? ». On comprend toutefois sa différence avec cette autre : « Quelles sont les causes de la première guerre mondiale ? »[39]. Non seulement la première croit qu'il existe une cause unique plutôt qu'un enchevêtrement entre plusieurs causes, mais elle empêche aussi de découvrir quantité d'autres faits importants. Les questions adressées aux jeux vidéo doivent donc être scrupuleusement examinées. Quand des études constatent qu'il existe une tendance forte chez les joueurs pratiquant les jeux violents à répondre de manière agressive dans la réalité, la question qui est sous-entendue est la suivante : « Les jeux vidéo rendent-ils plus violents ? ». La violence est un thème récurrent et privilégié chez les critiques[40]. La perception de la violence nous inciterait à devenir agressif ou à reproduire dans la réalité ce que nous expérimenterions dans la fiction. Rappelons à ce sujet l'interview du réalisateur autrichien Michael Haneke qui explique l'origine de son film *Funny Games* (1997). Le cinéaste reproche le traitement de la violence dans certains longs-métrages d'Oliver Stone, dont *Tueurs nés* (1994). D'après lui, le fait de suivre un couple de tueurs pour nous montrer l'atrocité de leurs crimes ainsi que le plaisir sadique qu'ils éprouvent a un effet opposé à celui recherché : la trop grande visibilité de la violence la banalise et ne nous permet donc plus de la percevoir. Pour rappeler alors l'horreur de la violence, il devient nécessaire de la suggérer indirectement plutôt que de la rendre directement visible à l'écran. C'est exactement ce qui se passe dans *Funny Games* puisque deux jeunes hommes développent leur emprise psychologique sur un couple, leur chien et leurs amis. La violence qu'ils vont infliger ne sera jamais montrée mais suggérée : pleurs du mari, traumatisme psychologique filmé pendant de longues minutes, traces de sang permettant de conclure au décès d'un des personnages, etc. Michael Haneke suggère ainsi que la violence montrée n'a pas pour effet de nous rendre violent mais insensible. La violence perçue dans le jeu vidéo nous inciterait alors à devenir indifférent et non surexcité par elle. C'est peut-être, du reste, l'originalité du jeu vidéo *Killer Frequency*. En vue subjective, nous incarnons un personnage, DJ d'une radio qui se retrouve à l'antenne, fin des années quatre vingt, dans une petite ville des États-Unis. Or, de nombreuses personnes nous appellent pour exprimer leur détresse, puisqu'elles sont pourchassées par un tueur en série qui sillonne la région. Le joueur est confronté aux peurs, aux angoisses et aux cris des personnes qui téléphonent, et que nous devons aider en réussissant à collecter un maximum d'indices sur leurs positions et celle de l'assassin, afin de les conseiller dans leurs déplacements en vue d'assurer leur survie. La sensation de terreur est efficace, bien que nous ne percevions ni tueur, ni crimes, ni sang. Seuls les cris et le silence des morts nous répondent : nulle violence, qui reste suggérée sans être dévoilée, laquelle est bien plus efficace que les simples assassinats violents et visibles (et risibles) d'un jeu comme *Slayaway Camp* (qui se veut humoristique).

Pour montrer l'importance du questionnement, songeons aux multiples interrogations qui ne sont étrangement jamais abordées lorsque le thème est celui de la violence. Il serait ainsi très instructif de savoir si une personne qui ne joue qu'aux jeux violents a le même profil et les mêmes réactions qu'une personne pouvant jouer aussi bien à des jeux agressifs qu'à des jeux d'aventure, des simulations sportives ou des jeux narratifs. On pourrait en effet se demander si une personne qui privilégie différents genres de jeux réagirait à la violence comme celle qui déciderait de n'essayer que les jeux où il est question d'agressivité. Dès lors, la question plus judicieuse consisterait à savoir si les impacts de la violence sont les mêmes chez celui qui est capable de jouer à des jeux différents et chez celui qui n'apprécie que ce genre. Car le fait de n'apprécier que la violence révélerait déjà une sensibilité différente de celle apte à apprécier plusieurs types de jeux, dont ceux violents. Or dans de tels jeux il existe pourtant d'autres paramètres par rapport auxquels la violence prend son sens. Elle peut n'être qu'une partie dans un système plus vaste. Nous allons justement montrer que les jeux de conflits et de guerre dans lesquels on perçoit cette violence qu'on dénonce n'ont de sens que dans un contexte qui nous demande d'exploiter notre intelligence machiavélique (voir la partie suivante). Ce qui peut, certes, expliquer l'agressivité plus fréquente de certains joueurs dans la réalité. Mais celle-ci demeure mal expliquée si on ne comprend pas ses causes : c'est l'échec qui nourrit l'agressivité de la personne, puisque réussir à triompher de conflits dans un contexte machiavélique satisfait le joueur tout en faisant disparaître ses tensions. Être agressif parce que l'on échoue permet de comprendre que les causes de l'irritation sont différentes de celles qui consisteraient à nous faire devenir agressif par goût pour la violence gratuite. On voit bien que le questionnement est un art puisqu'une question mal posée rend invisibles des aspects cruciaux tout en accordant une visibilité grossissante à des aspects moins importants. Commençons donc par montrer pourquoi il nous faut garder à l'esprit le fait que le jeu vidéo est une *œuvre* et pourquoi dès lors, celle-ci, est inséparable du développement de *l'intelligence machiavélique*. De tels principes, qu'il nous faut justifier par une série de remarques et de questionnements, permettront alors d'éliminer de nombreux reproches (dont ceux de l'incitation à la violence).

1.2 Le jeu vidéo : une œuvre. Petites conséquences d'une telle remarque

La représentation que nous avons du joueur en pleine action est souvent celle de l'individu immergé dans une expérience purement hypnotique. Le réalisateur René Clair affirmait que le cinéma était pour lui une drogue ouvrant l'esprit à de nouvelles sensations. Il valorisait l'image plus que le script, et comparait les visions perçues par le spectateur à celles dont le dormeur est victime dans son rêve, lorsqu'il se laisse porter par le pouvoir de leur évocation[41]. Mais le joueur n'est pas un sujet hypnotisé par son expérience visuelle. Il procède à des évaluations positives ou négatives de ce qui lui est proposé. Il juge ainsi de la qualité de son expérience selon plusieurs paramètres : originalité, qualité, esthétique, durée de vie, longueur, lourdeurs, scénario, intérêt, technique, etc. Il se trouve que les qualités et les défauts attribués au jeu s'inscrivent dans une logique plus vaste qu'il nous faut identifier. Indépendamment de la question de savoir si un jeu vidéo est une œuvre d'art, rappelons déjà les raisons pour lesquelles il est une œuvre. Partons d'une remarque triviale dont les conséquences nous permettront de détruire plusieurs idées reçues : les êtres humains élaborent des œuvres. Une œuvre est à la fois le résultat d'une *construction* par autrui (une chaussure est créée par le cordonnier) et d'une *objectivation* (l'esprit de celui qui invente passe en partie dans l'objet). Le fait qu'un objet existe nous rappelle donc implicitement la présence virtuelle de l'autre (sans qui il n'existerait pas) ; de même, la manière dont l'objet est construit nous renseigne en partie sur son esprit, sa sensibilité ou son intelligence. Le philosophe Alain distinguait le langage de l'homme du langage animal pour mieux repenser la notion « d'œuvre ». Pour le philosophe français en effet, le corps émet des signes (et pour cette raison, il appelle « langage » le vol des oiseaux qui sont capables de décrypter les signes corporels des autres – il s'agit d'un langage corporel qui s'avère commun à tous les êtres vivants) ; mais lorsqu'il est question de l'être humain, le penseur évoque plutôt cet *autre* langage : « *[...] l'autre langage, et son écriture propre, monument, sculpture, dessin* ». Lorsque je perçois une maison, je sais qu'il y a eu un architecte. Lorsque je perçois un dessin, je sais qu'il a existé un dessinateur. Lorsque je perçois un texte, je sais qu'il y a un auteur ou un écrivain. Autrui est toujours virtuellement présent même de manière anonyme. La notion d'œuvre est donc riche puisqu'elle s'applique : aux outils (il faut des ouvriers pour les inventer) ; aux compositions artistiques (il faut un artiste pour les réaliser) ; aux objets matériels tels que maisons ou temples (il faut des artisans) ; aux idées (il faut un esprit pour les exprimer ou les penser). L'outil est l'œuvre d'une intelligence technicienne, la musique l'œuvre d'une sensibilité, l'ouvrage ou le théorème l'œuvre d'une intelligence théorique (...). Le monde humain est donc rempli d'œuvres qui sont du même coup élaborées par un esprit : si nous *comprenons* qu'elles sont faites par un autre alors nous pouvons les *évaluer* en évoquant l'intelligence pratique de leur concepteur (on dote celui qui l'a construit d'une compétence) ; on pourra évaluer des œuvres artistiques en découvrant la sensibilité de l'artiste ; on pourra évaluer une œuvre intellectuelle en découvrant l'intelligence théorique et la culture de l'auteur, etc. L'œuvre est l'expression d'une intelligence qui s'y manifeste et sa réalisation se rattache à cet esprit. Il existe ainsi une relation entre autrui et les objets, et par conséquent un imaginaire où l'autre est toujours relié au monde environnant : quand j'entends une musique, je m'imagine un pianiste jouant avec ses doigts. Quand je vois une chaise, je perçois que je puis m'y asseoir ou qu'un autre peut s'y asseoir. Quand je perçois une maison, je devine qu'elle est construite par quelqu'un et que des gens y vivent ou peuvent y habiter. Quand je vois une route, je sais que des personnes l'ont empruntée et je puis imaginer des silhouettes se promener. Les œuvres expriment des intentions qui sont les signes d'un esprit qui demande à être interprété et évalué par celui qui les utilise, les lis ou les écoute. Les qualités ou les défauts de l'objet sont ainsi celles ou ceux de l'auteur. La phrase « cet objet est bien pratique » est associée à une phrase du genre « celui qui l'a inventé a été ingénieux ». La phrase « ce poème est beau » implique « le poète a une grande sensibilité », etc.

La notion d'œuvre est inconcevable sans l'idée de la double intentionnalité. L'œuvre est construite *par* quelqu'un tout en étant *pour* un destinataire : la musique est faite par un musicien mais pour un auditeur. L'objet est construit par un artisan pour être vendu à ou utilisé par un client. Or, le jeu vidéo est pour ces raisons une œuvre. Tout joueur sait que ce qu'il perçoit est la réalisation d'un programmeur indépendant ou d'une équipe. Tout joueur sait également que l'œuvre est produite pour une communauté (celle des joueurs). Ce qui signifie que le jeu est réalisé *par* une équipe *pour* un ensemble de personnes décidant de devenir joueurs. L'expérience vidéoludique doit donc être analysée dans ce contexte général. Ainsi, les qualités qu'un joueur perçoit dans les jeux seront attribuées aux compétences, à l'intelligence et à la culture des programmeurs. Un joueur sait que les programmeurs réalisent un jeu pour s'adresser à son intelligence, ses compétences, sa patience, son sens de l'observation. Le joueur ne déambule pas seulement dans un décor : il se promène en étant (in)sensible à l'intelligence du *level design* des programmeurs. De même, il ne se contente pas d'éliminer des ennemis, mais de découvrir les pièges mesquins dans lesquels des programmeurs ont voulu le faire tomber. Il ne se contente pas de percevoir la beauté des paysages, mais de reconnaître la sensibilité et l'imagination (ou le manque d'imagination) d'une équipe – puisque level design, intelligence artificielle des combats et graphisme sont inventés par des personnes (pour l'instant). Le joueur sait donc que le jeu est un produit qui exprime l'intelligence et la sensibilité d'une équipe. Mais en même temps, il sait que l'équipe qui a produit un jeu s'adresse à son intelligence, ses réflexes, à sa perception ou à sa mémoire. Lorsque je tombe dans une embuscade, je comprends que les programmeurs ont voulu me piéger et me surprendre. Lorsqu'on découvre que le système de combat de la série des *Batman* est ingénieux, on réalise que l'équipe a inventé un système pleinement ergonomique. Lorsqu'on découvre la difficulté d'un jeu de plateforme, on prend conscience qu'une équipe a décidé volontairement de nous faire souffrir tout en nous demandant de persévérer. Essayer un jeu d'énigmes originales, c'est découvrir l'intelligence de celui qui les a inventées et comprendre qu'elles sont adressées à notre sens de l'observation par un programmeur curieux de savoir si nous les résoudrons. Les verbes psychologiques témoignant de la présence d'autrui et des relations virtuelles entre nos esprits (joueurs et programmeurs) sont toujours associés à l'expérience vidéoludique : on sent que les programmeurs *veulent* nous surprendre et *espèrent* en retour que nous considérions leur jeu comme étant original. Lorsqu'un monde ouvert regorge de nombreuses quêtes annexes, nous concluons à la *générosité* de l'équipe. Lorsque nous découvrons la qualité graphique du jeu, nous estimons que l'œuvre est *bien faite* et que quelqu'un espère nous émerveiller. Ce qui devient compréhensible lorsqu'on réalise que tout jeu est une œuvre (bonne ou mauvaise).

C'est la raison pour laquelle les équipes (Bethesda, Capcom, Naughty Dog, Quantic Dreams, Ubi Soft, Blizzard, Devolver Digital) ont leurs renommées. Chaque groupe est connu pour les qualités et les défauts de ses productions, qu'il s'agisse de réalisation technique, de narration, de système de combat, de choix artistique, de modélisation des personnages ou d'intelligence artificielle. Un tel détour par la notion d'œuvre nous permet de garder à l'esprit un ensemble de considérations méthodologiques qui évitent ainsi des faux procès adressés au jeu vidéo. Car il est désormais facile de comprendre pourquoi il est absurde de croire qu'un jeu de guerre nous invite à devenir violent. Il est désormais aisé de répondre à l'objection qui consiste à penser qu'un jeu photo-réaliste veut se faire passer pour la réalité au risque de nous égarer. C'est la notion d'œuvre qui permet justement cette dénonciation : le jeu n'est pas un leurre qui veut se faire passer pour réel mais un simulacre inventé par quelqu'un pour quelqu'un. Mieux : c'est parce que l'on sait que le jeu est inventé par quelqu'un pour quelqu'un qu'il n'est pas un leurre. Le joueur comprend qu'un jeu violent (un jeu de guerre) est réalisé par une équipe qui veut le confronter à ses défis, à son machiavélisme. Car qu'est-ce qu'un jeu si ce n'est la réalisation de l'intelligence des programmeurs ? Un joueur ne se contente pas de tuer une série d'ennemis : il comprend que cette possibilité d'éliminer des personnages a été accordée par une équipe qui a décidé de le confronter à sa propre conception de la difficulté. Un joueur ne s'amuse pas à tuer pour tuer, si ce n'est secondairement (quand cela arrive, cela dépend, on l'a vu, de l'usage qu'en fait le joueur, non de la nature du jeu). Il élimine des ennemis parce que des programmeurs lui ont donné cette possibilité dans un univers où ils ont voulu le confronter à une courbe de difficulté afin de lui demander d'utiliser son intelligence. Un joueur souhaite donc vérifier qu'il peut répondre au défi proposé. On décide de découvrir la difficulté inventée par l'équipe. Et on veut savoir si nous avons les réflexes ou les compétences qu'elle espère. C'est toute la logique des *succès* à débloquer qui en témoigne. Les comptes des joueurs ont des points en fonction de tels succès. De même encore, le joueur ne se contente pas d'explorer une ville : il découvre en l'explorant ce que l'équipe a conçu pour lui. Le joueur veut donc savoir s'il a les compétences que les programmeurs souhaitent qu'il ait pour achever leur aventure. C'est en ce sens et en ce sens seulement que l'on peut comprendre ce que « jouer » signifie : l'œuvre vidéoludique met en relation l'intelligence des programmeurs avec celle des joueurs puisqu'elle est un intermédiaire entre eux. Un jeu est une proposition, et jouer est une réponse. Jouer suppose de répondre aux défis d'une production qui réalise et objective l'esprit d'une équipe. Tout générique de fin rappelle qu'un jeu vidéo ne tombe pas du ciel et est proposé par des êtres humains. Les crédits en fin de jeu prouvent que l'expérience proposée est une totale construction de la part de programmeurs. L'évaluation par le joueur du travail d'une équipe témoigne du fait que des esprits (le joueur et le programmeur) sont virtuellement reliés. Ce qui nous permet de dénoncer une autre idée reçue. Pour le prouver, un détour s'avère nécessaire.

1.3 Petite remarque sur l'intelligence machiavélique

Nous avons montré qu'on pouvait considérer le jeu vidéo comme une « œuvre ». Cette notion rappelle qu'un esprit qui utilise un objet évalue l'esprit de celui qui l'a confectionné. Nous pouvons donc désormais traiter le thème de la violence et de la guerre à l'intérieur de ce nouveau contexte. Le développement de l'intelligence a une histoire qui est inséparable des relations entre les différentes espèces et entre les membres d'un même groupe. Dans un cas on parle de relations interspécifiques, dans l'autre de relations intraspécifiques. Plusieurs auteurs attribuent à cette intelligence le qualificatif de machiavélique (Richard William Byrne). Cette intelligence apprend le fonctionnement comportemental et mental d'autrui afin : soit d'y échapper, soit de le manipuler pour l'instrumentaliser. Il s'agit, en d'autres termes, d'avoir l'intelligence de se représenter l'intelligence d'autrui. De nombreux exemples parsèment le monde vivant. Lorsque les pluviers de Wilson qui couvent leur nid perçoivent un prédateur qui s'approche, ils se mettent à battre des ailes pour faire croire qu'ils sont blessés. Le prédateur, considérant alors que sa proie est une victime facile, pourchasse l'oiseau en délaissant ses petits. Cette feinte consiste à éloigner progressivement le prédateur : puis, une fois la distance suffisamment grande et le danger pour son nid écarté, le pluvier revient tranquillement au nid. La biologiste Olivia Judson a donné de nombreux exemples amusants. Les otaries à crinière adultes ont des harems de femelles. Les mâles sont bien plus grands et puissants que les jeunes qui rêveraient pourtant de s'accoupler avec le sexe opposé. Mais approcher des femelles risque d'éveiller l'agressivité du mâle dominant surveillant son territoire, et qui provoquerait de graves blessures en cas d'attaque. Les jeunes ont pourtant trouvé une stratégie : s'associer pour entrer de force dans le harem du mâle. Ils ont en effet compris que ce dernier, débordé, ne pourra chasser tous les intrus[42]. Certains jeunes pourront alors profiter des femelles. La biologiste Miriam Rothschild remarquait qu'un de ses chiens simulait un intérêt pour un bruit extérieur afin d'attirer l'attention de son maître, et ensuite s'éloignait pour chiper une saucisse sur un plat. L'écrivain Edgar Allan Poe a lui aussi traité dans ses récits de cette intelligence. *La lettre volée* imagine le scénario suivant : un Ministre a subtilisé une lettre compromettante et le préfet de police est chargé de la retrouver chez lui. Les enquêteurs cherchent alors minutieusement toutes les supposées cachettes dans la demeure du Ministre. Ce dernier sait que le préfet et son équipe finiraient par la découvrir vu leurs techniques d'investigation minutieuses. Il imagine alors ce que doit être le raisonnement du préfet pour essayer de déjouer ses méthodes. Son état d'esprit ressemblera à ce qui suit : le préfet sait à quoi ressemble la lettre (il peut l'identifier et la reconnaître) ; il cherche à retrouver une lettre camouflée (elle est invisible car dans une cachette). Le Ministre va donc raisonner de la façon suivante pour tromper le préfet : si le préfet connaît l'apparence de la lettre, changeons alors son aspect ; si le préfet cherche ce qui est caché, exhibons sans la cacher la lettre dont on aura changé la forme. Mettons-la alors sur un présentoir : le préfet ne pensera ni à soupçonner sa présence ni à la reconnaître. Cette intelligence machiavélique est présente dans plusieurs de ses récits comme *Double assassinat dans la rue Morgue* ou encore *Le meurtre de Marie Roger*.

De tels rappels nous aident à découvrir le rôle accordé à l'intelligence machiavélique dans l'univers vidéoludique. La plupart des critiques ne perçoivent dans des jeux de guerre et de combats que : guerre, sang, meurtres, conflits contre les ennemis, violences. Pourtant, de tels jeux suscitent l'intérêt en raison de ce qu'on nomme à raison l'intelligence artificielle. L'objectif est d'apprendre à connaître les stratégies de l'ennemi (ses défenses, ses patterns, ses combos) pour les déjouer. Il faut donc être capable de savoir où l'ennemi se cache, comment il réagit et se défend afin d'espérer développer une intelligence supérieure à la sienne. Les jeux de guerre en réseau ou les jeux PvP ne suscitent un engouement que pour de telles raisons. Les retours des joueurs sont révélateurs : une intelligence artificielle perfectible ou totalement défectueuse (comme il arrive dans certains jeux dont nous tairons le nom) détruisent tout intérêt. Guerre, sang, violence sans défis ou avec une intelligence artificielle perfectible n'intéressent donc plus. Le jeu de guerre ou de combat n'a pas pour vocation de développer notre violence mais au contraire notre intelligence machiavélique dans un contexte compétitif ou coopératif. Les séquences de *boss* dans de nombreux jeux du genre *Die & Retry* (*Lies of P, Lords of Fallen, Dark Souls, Demon's Souls, Nioh, Sekiro, Wo Long : Fallen Dynasty, The Surge*) sont représentatifs. Comprendre, connaître pour anticiper, prévoir, s'organiser et inventer des stratégies sont des ingrédients de l'intelligence machiavélique. Une série d'échecs répétés finit par irriter mais rappelle aussi que nous ne progressons pas. L'intelligence machiavélique se développe, certes, dans un contexte non éthique puisqu'il s'agit de tromper autrui, de feinter, de lui faire croire telle idée pour l'égarer, de le manipuler sans qu'il perçoive les conditionnements dont il est victime. On pourrait alors reprocher au jeu vidéo d'exploiter cette attitude en rien morale : elle n'est en effet aucunement raisonnable. Ce serait toutefois oublier bien vite que cette intelligence machiavélique se développe dans un contexte ludique qui exige, *contrairement à ce qui se passerait dans la réalité*, le bannissement de toute tricherie. Dans un jeu, une réglementation doit être respectée. Les joueurs acceptent des règles et s'indignent des tricheurs (les complaintes à ce sujet sont récurrentes, notamment dans des jeux de guerre en ligne, et les programmeurs essaient d'empêcher la triche). Jean Piaget rappelle que lorsque les enfants jouent aux billes, si l'un triche, alors le jeu perd de son intérêt. Mais il montre que le respect de règles incite surtout à développer le jugement moral. En violant les règles, l'enfant forme le jugement « *tricher est mauvais* »[43]. Aussi, même si le jeu repose sur de la compétition (football, handball, tennis), le gagnant supposé avoir été le plus intelligent pourra être objet d'admiration à condition qu'il ait été jugé honnête (non tricheur).

Qui donc, parmi les joueurs qui pratiquent un jeu, n'a pas déjà admiré celui qui réussit un sans faute en mode expert à *Guitar Hero* ? Qui peut ne pas admirer un joueur finir un *Dark Souls* sans périr une seule fois ? Dans la réalité sociale, l'intelligence machiavélique peut faire l'économie d'un tel respect des règles. De même encore, dans le réel, respecter des règles ne prouve aucunement notre sens moral (les mafieux, les racistes ou les membres d'un gang ne sont rien moraux en respectant leurs codes). Mais des joueurs qui s'amusent à incarner des membres d'un gang seront paradoxalement plus moraux s'ils respectent les règles du jeu sans tricher. Les jeux vidéo, comme de nombreuses activités chez les plus jeunes (billes, balles au prisonnier) sont alors un contexte propice au développement d'une intelligence machiavélique encadrée toutefois par des règles favorisant le jugement moral. Développer son intelligence machiavélique en triomphant de l'intelligence artificielle ou d'un ennemi réel en ligne, sans tricherie, est gratifiant. On s'interdit de découvrir de tels aspects en focalisant son attention sur le *fait* de la violence seulement. Dans un récit, l'écrivain Barbey d'Aurevilly décrivait ainsi la psychologie des joueurs de whist qui rencontraient de grands joueurs de cartes : *« Toute supériorité quelconque est une séduction irrésistible, qui procède par rapt et vous emporte dans son orbite. Mais ce n'est pas tout. Elle vous féconde en vous emportant. Voyez les grands causeurs ! Ils donnent la réplique et ils l'inspirent »*. En évoquant la rencontre entre un vieux marquis, fin connaisseur du jeu de whist, et le jeune M. de Karkoël, véritable génie de ce jeu de cartes, il écrit encore : *« il augmenta l'idée que le marquis avait de lui-même »*[44]. Le vieux marquis reprend donc goût aux cartes en rencontrant un grand joueur qui exige de lui qu'il se dépasse. L'IA, en apparence performante, nous confronte à une résistance qui donne envie d'en triompher. Paradoxalement, nous nous sentirons grandir en triomphant d'autrui tout en reconnaissant que l'adversaire que l'on a admiré nous a aidé à nous dépasser. Pas d'hommage au jeu sans cette logique. Ce qui est vrai dans toute sphère de la réalité : pas d'élève qui n'admire le maître qui ne l'a aidé à « s'élever » (justement). Lorsque nous rencontrons un bon joueur, ou un joueur au-dessus de notre niveau, nous pouvons alors apprécier le sentiment de notre ascension.

1.4 Petites remarques sur l'empathie

La pharmacologue Susan Greenfield critique le jeu vidéo sous prétexte qu'il détruirait l'empathie[45]. Elle compare, pour le démontrer, les facultés psychiques qui sont mobilisées lorsqu'il est question de lire un roman avec celles qui sont sollicitées lorsqu'il est question de jouer. Soit un roman et un jeu qui ont pour point commun une princesse, un héros et la délivrance de la première par le second. Le roman analysera les émotions du héros comme de la princesse en décrivant des situations. Il rendra compte encore des événements comme de leurs causes et multipliera les perspectives. Le jeu vidéo, au contraire, ne propose au joueur qu'une série d'actions à effectuer tout en exigeant de la méthode pour les réaliser efficacement. Si le roman permet une analyse psychologique complexe et plus variée des situations, le jeu vidéo les évacue. Si le roman permet de développer des points de vue différents sur diverses situations et sur plusieurs thèmes (émotions, pensées) afin de les considérer comme des objets dignes intérêt, le jeu vidéo nous enfermerait dans une situation qui rendrait inutile l'usage de facultés intellectuelles. Les personnages ne seraient ainsi que des occasions pour agir et le jeu rendrait totalement facultatifs l'analyse psychologique et le souci pour les personnages. Le joueur ne se focalise ainsi que sur ses propres exploits et ses propres réactions. À nouveau, nous découvrons implicitement et sans surprise la question présente en arrière-plan : « Le jeu vidéo exploite-il nos facultés intellectuelles ? Nous demande-t-il de développer le sens de notre argumentation ? ». Cette question commune autour de laquelle on analyse deux activités donne ainsi l'illusion qu'elles sont comparables et que l'une est pauvre par rapport à l'autre qui est riche ; que l'une atrophie les capacités intellectuelles, que l'autre mobilise lesdites facultés. Ce qui est maladroit puisque l'auteure qui analyse ce que n'est pas un jeu de plateforme ou d'action *ne cherche pas du tout à analyser ce qu'il cherche à être*. Il n'y a pas plus de sens à reprocher à un jeu d'action ce qu'il n'est pas (ne pas mobiliser des capacités intellectuelles) qu'à reprocher au roman de ne pas être un moyen de développer notre habileté, notre dextérité en général dans l'univers des princesses et des héros. La liste des jeux où les héros doivent secourir des princesses appartient à une longue tradition : *Ghosts'n Goblins* (1985) nous demande de libérer la princesse Prin-prin ; *Dragon's Lair* (1983) nous demande de libérer la princesse Daphne ; *Sir Lovelot* (2021) exige de nous, de manière plus humoristique, d'incarner un chevalier supposé chercher l'amour de sa vie en bravant des dangers afin de cueillir des fleurs qu'il va nous falloir donner aux princesses nous ouvrant ainsi leur cœur. Ce que ne comprend pas la pharmacologue, c'est que, s'il fallait analyser les émotions, comprendre les situations de manière complexe, *nous ne pourrions jamais jouer* puisque de tels jeux qu'elle critique exigent de nous : d'user de notre habileté, de faire usage de nos réflexes et de notre dextérité.

Notre raisonnement reste cependant imprécis puisqu'il occulte le fait que des jeux recourent à l'analyse des émotions et des situations. Car si Susan Greenfield constate l'atrophie des aptitudes intellectuelles, c'est bien plutôt en raison des jeux particuliers qu'elle a choisis. Les jeux d'actions nous demandent d'exercer des aptitudes, certes différentes de celles exigées lors de la lecture. Mais l'usage desdites facultés existe, bien qu'il se trouve présent dans un genre différent : les jeux narratifs, les jeux à choix multiples comme aux multiples embranchements. Quantic Dream et son fondateur David Cage proposent des jeux qui possèdent en effet des scripts pouvant être composés de milliers de pages (2000 pour *Heavy Rain* ainsi que 40000 mots de dialogues non linéaires, et 5000 pages pour *Detroit Become Human*). De tels scripts sont plus importants que ceux du cinéma. La psychologie des personnages ainsi que la complexité des situations sont les thèmes mêmes de tels univers. Le joueur découvre aussi bien les émotions, les situations que les conséquences sociales, relationnelles et psychologiques de ses actes. Au lieu même de lui retranscrire les situations et de décrire leur complexité, le jeu les lui fait découvrir puisqu'il lui demande de choisir parmi plusieurs options. Le joueur réalise ainsi que des actions dépendent de situations qui s'imposent à lui (toutes les possibilités ne sont pas permises) ; que choisir est également exclure des possibilités (« *choisir, donc exclure* » disait le philosophe Bergson) ; enfin, que toute action peut avoir une conséquence imprévue par le joueur. De tels jeux permettent même de comprendre la différence entre les conséquences à court terme de nos actions et celles à plus long terme. Supermassive Games propose de l'action-aventure sous forme narrative où nous jouons par séquences avec plusieurs personnages. La plupart du temps, il nous est demandé de choisir diverses actions en situation chronométrée ou parmi plusieurs itinéraires, afin de faire survivre l'ensemble des personnages : leur jeu *Until dawn* ainsi que leur série de jeux interactifs regroupés sous l'appellation *The Dark Pictures Anthology* en sont une illustration. Certes, on peut reprocher à de tels jeux de ne pas avoir la profondeur de la littérature. Mais ils n'en ont pas la prétention. C'est oublier que de nombreux jeux de rôle proposés sont possibles sans quasiment aucune action. Le jeu *Disco Elysium* nous demande d'incarner un détective qui enquête sur un meurtre. Très vite, nous découvrons la complexité des motifs, des indices et de la psychologie des personnages : le jeu se compose d'un million de mots et n'a pas à rougir devant un Agatha Christie !

Mais Susan Greensfield semble également ignorer le fait que, si le jeu vidéo ne prétend pas rivaliser avec la profondeur apportée par la littérature à ce sujet (ce n'est pas son objectif), il permet néanmoins de nous y introduire avec une originalité qui lui est spécifique. Dans la littérature, le lecteur découvre la richesse insoupçonnée sur un sujet à partir du point de vue des personnages ou du narrateur. Soit. Mais dans certains jeux vidéo, le joueur va découvrir *par lui-même* (et non à partir de la voix d'un personnage) la complexité inattendue de certaines situations, les conséquences imprévisibles et indésirées de ses décisions, tout en étant également surpris de ses propres réactions et des dilemmes auxquels on le confronte, et ce, à partir de contraintes imposées par les programmeurs. Expliquons. Nombreux sont les jeux qui reproduisent des contextes différents de notre représentation du monde quotidien afin de nous inciter à modifier notre regard. Des jeux nous aident à comprendre à quel point nos jugements sont précipités, maladroits et malvenus. Ainsi, *Beholder* comme *Beholder 2* nous immergent dans un monde totalitaire en tant que propriétaire d'un immeuble à qui l'État communiste de l'ancienne URSS demande de surveiller ses résidents : aussi bien leurs faits et gestes que leurs conversations. Dans la mesure où le personnage rencontre dans sa vie des problèmes financiers ou privés (sa jeune fille malade) typiques d'un homme à cette époque, le joueur se trouve confronté non seulement à des situations qu'il n'aurait pas soupçonnées, mais également à des situations qui l'obligent à mieux comprendre des comportements de l'époque qu'il aurait sûrement eu le réflexe de réprouver. Le joueur qui aurait cru facile de faire le Bien et d'empêcher le Mal découvre des situations que les programmeurs lui imposent en raison de leurs connaissances des situations historiques. Le mérite de ce genre de jeux est de nous aider à sortir de notre point de vue, de notre perspective spontanée et culturelle. Non pas parce qu'on découvre le discours d'un autre qui prétend nous enseigner ce qu'on ignore (comme dans un livre), mais parce qu'on nous demande de choisir des options parmi des situations qu'on n'aurait jamais prévues. Nous apprenons donc par nous-mêmes à réviser notre jugement lorsque nous sommes en présence des conséquences de nos choix (à court terme, moyen terme ou long terme). Nombreux sont les jeux du même genre. *Soldats inconnus*, déjà cité, relate des événements de la première guerre mondiale et s'avère un véritable chef d'œuvre pédagogique qui permet au joueur d'apprendre à mieux connaître les situations de la première guerre mondiale (l'invention du gaz moutarde, les stratégies qu'il a fallu déployer dans les tranchées). *Yes, Your Grace* nous met dans la peau d'un roi auquel est alloué un certain budget, et avec lequel il doit aussi bien gérer les difficultés internes à son Royaume que les problèmes diplomatiques extérieurs. En ayant nous-mêmes à devoir choisir comment faire usage de ce budget, nous découvrons que la réalité ne se construit pas nécessairement à partir des représentations qu'on en avait. Les recettes restreintes du roi obligent évidemment le joueur à investir dans certaines activités (renforcer le budget de son armée et s'assurer une confiance qui garantit sa sécurité, investir dans la décoration pour s'assurer la bienveillance de ses fidèles, etc.). Ce qui permet de découvrir les conséquences insoupçonnées de certaines de nos décisions. La critique a également salué la reconstitution des procès de la Révolution française dans *We The Revolution* avec un système de préférences et de conséquences loin du manichéisme.

Susan Greensfield semble encore ignorer que plus les consoles et les ordinateurs disposent de capacités de stockage mémoriel faibles (ZX Spectrum, Atari VCS 2600, Amstrad CPC 464), plus les jeux sont limités en termes de scénario et de possibilités. Les histoires ne sont la plupart du temps que des prétextes à partir desquels donner un minimum de contexte pour justifier l'expérience en question. Theodore Zeldin rappelle qu'au départ, le cinéma a inventé des films ne durant que deux minutes, et que sa popularité vint du fait que les forains l'introduisirent dans leurs spectacles : « *Lorsque Lumières organisa, le 28 décembre 1895, la première séance au monde de projection de films en public, au sous-sol du Grand Café, sur le boulevard des Capucines, il présenta des films qui ne durèrent qu'une ou deux minutes chacun* »[46]. On aurait pu lui reprocher de n'être qu'un divertissement. Mais l'amélioration de la technique a multiplié les possibles dans des voies inattendues donnant ainsi progressivement vie à de longs métrages avec scénarios. Les scénarios dans le domaine du jeu vidéo ont été minimalistes au départ pour des raisons essentiellement techniques : *Double Dragon* (1987) demande juste au personnage spécialiste en arts martiaux de sauver sa fiancée d'un chef de gang avec son frère. Certes, le scénario japonais original est plus complexe mais reste minimaliste. De même *Renegade* (1987) propose le même genre d'histoire. La prédilection pour le récit en question n'était possible qu'au sein de jeux purement textuels imitant les livres dont vous êtes le héros. Rappelons que de telles collections (*Défis fantastiques, Loup solitaire, Sorcellerie, Astre d'Or...*) reposent sur des paragraphes qui proposent aux joueurs de s'orienter parmi des destinations prédéfinies. Ainsi, si le lecteur du premier paragraphe décide de se rendre vers le nord, il lui est demandé de poursuivre au paragraphe 45 alors que pour aller vers le sud il lui faudra se rendre au paragraphe 100. Or, les premiers ordinateurs (songeons à l'Amstrad) avec lesquels il était possible de programmer en anglais reposaient sur une chaîne d'instructions du même genre. Les chaînes de commande (goto, gosub) spécifiaient des renvois selon leur ligne de code (ligne 10 : si le joueur choisit telle action, alors se rendre à la ligne 45 pour savoir quoi lui proposer, autrement : poursuivre à la ligne suivante). La construction d'une histoire n'est donc possible que grâce à la complexité des processeurs ainsi que des cartes mémoire. Ce qui signifie que le jeu vidéo a non seulement une histoire qui dépend des capacités techniques mais que la nature même d'un jeu se modifiera en conséquence. Les histoires peuvent ainsi prendre la place principale et ne plus rester de simples cadres informels justifiant seulement des phases d'action. Pour rentrer dans une histoire il faut en effet créer les conditions d'une immersion, lesquelles sont extrêmement difficiles avec des machines aux faibles capacités techniques : il serait par exemple difficile pour de nombreuses personnes de retourner aux jeux purement textuels d'autrefois. L'auteure reproche donc au jeu vidéo une situation qui ne explique par le type de jeux qu'elle a retenu et par les limitations techniques de certaines machines. Or, il se trouve que les jeux peuvent désormais exploiter les capacités que la pharmacologue leur déniait, et dans des voies plus surprenantes que celles proposées par la littérature. En effet, les programmeurs sont désormais capables de créer des jeux narratifs, et les conditions d'une mise en situation personnelle, grâce à la reconstitution des univers et des situations à embranchement multiple.

2.1 Du jeu comme moyen de comprendre les autres activités humaines

Jusqu'à présent, nous avons considéré l'activité ludique (jouer) comme une activité différente de nos autres comportements. Ce parti pris considère le jeu comme une activité *à côté* d'autres actions dissemblables (travailler, discuter, aimer, rechercher le pouvoir ou la richesse). Un tel constat est bien plus problématique qu'on ne le pense. Le philosophe Blaise Pascal a fréquenté à son époque (le dix-septième siècle) de nombreux libertins tout en s'inspirant des jeux de cartes et des jeux de dés pour expliquer les attitudes du joueur : mais son étude prend le jeu comme prétexte pour comprendre *en général* les comportements de l'homme, non pour comprendre ceux du joueur *seulement*. Car analyser ce que jouer signifie permet à Pascal de *révéler* que les mêmes états d'esprit existent chez celui qui semble ne pas jouer. Définir la psychologie du joueur nous apprend donc à *mieux* comprendre l'être humain quand il travaille, quand il fait la guerre, quand il séduit. Mieux : si nous pouvons déchiffrer l'état d'esprit des joueurs pour en prendre plus ou moins conscience, son analyse révèle que de tels états psychologiques sont également présents dans nos autres actions (travailler, séduire...) mais en étant plus difficilement visibles. Il est en effet assez gênant de constater et même d'avouer que ce que recherche le joueur est, en fait, ce que recherchent également le travailleur, le guerrier, le chasseur ou le séducteur. Ce que le joueur désire plus ou moins consciemment est ce que souhaitent plus inconsciemment le chasseur, celui qui quête le pouvoir, celui qui travaille ou celui, même, qui entreprend de séduire. Pourquoi ? Lisons ce beau texte avant de le commenter : *« Tel homme passe sa vie sans ennui, en jouant tous les jours peu de chose. Donnez-lui tous les matins l'argent qu'il peut gagner chaque jour, à la charge qu'il ne joue point : vous le rendez malheureux. On dira peut-être que c'est qu'il recherche l'amusement du jeu, et non pas le gain. Faîtes-le donc jouer pour rien, il ne s'y échauffera pas et s'y ennuiera. Ce n'est donc pas l'amusement seul qu'il recherche : un amusement languissant et sans passion l'ennuiera. Il faut qu'il s'y échauffe et qu'il se pipe lui-même, en s'imaginant qu'il serait heureux de gagner ce qu'il ne voudrait pas qu'on lui donnât à condition de ne point jouer, afin qu'il se forme un sujet de passion, et qu'il excite sur cela son désir... »*[47]

On pourrait expliquer clairement ce passage ainsi : le jeu (l'activité) et la récompense (le gain) ne sont pas compréhensibles selon une simple analyse instrumentale du genre : il existerait un objectif (gagner de l'argent) et un moyen pour l'atteindre (jouer). La relation entre les fins et les moyens est plus subtile : il faut que les moyens deviennent les fins et les fins les moyens. Je joue pour espérer gagner mais le gain est en même temps une occasion pour jouer. Le gain est le but et le jeu un moyen. Cependant, jouer est aussi le but grâce au gain qui devient un prétexte. Il faut prendre plaisir aussi bien à l'idée de gagner qu'au fait de jouer pour obtenir le gain. Jouer sans gain ne produit vite qu'indifférence. Mais gagner d'office sans jouer ne suscitera bientôt qu'ennui. Cette alternance entre fins et moyens n'est donc envisageable que si le gain est possible et non certain. Le joueur cherche ainsi à créer les conditions de sa propre excitation, et entretient des stimulations extérieures. Cela n'est possible que si le gain n'est pas assuré. Le joueur cherche donc à s'exciter en se demandant s'il est possible qu'il puisse obtenir et gagner ce qui lui est incertain. Ce que Pascal appelle « agitation ». Du coup, je veux bien jouer pour voir si je vais gagner. Mais inversement, une récompense incertaine rend le fait de jouer stimulant. Si le moyen (jouer) ne me permet pas de gagner parce qu'il n'y a aucun gain alors le jeu finit par ne plus avoir aucun intérêt. Si le gain est à chaque fois certain, jouer devient secondaire et finit par lasser. Or, cette logique est en fait présente dans de nombreuses autres activités quotidiennes. Le chasseur veut aussi bien la chasse que son gibier. Il utilise la chasse pour poursuivre son gibier, mais il considère le gibier comme un prétexte pour prendre plaisir au fait de chasser. De même, il n'a de plaisir à la chasse que parce qu'il n'est pas certain d'attraper sa perdrix ou son faisan. Il en va de même pour le séducteur : il utilise la séduction en vue de conquérir telle femme, mais porte son dévolu sur elle comme un moyen pour prendre plaisir au fait d'utiliser son pouvoir de séduction. Comment savoir tout cela, si ce n'est grâce à l'analyse du jeu ? Pascal nous montre que les hommes jouent même quand ils pensent faire quelque chose de sérieux. Les amoureux qui se séduisent ne jouent-ils pas à se séduire ? N'y a-t-il pas un jeu du chat et de la souris dans un monde économique où les grandes compagnies sont en compétition ? Dans une belle scène de son film *Cléopâtre* (1963) le réalisateur Joseph L. Mankiewicz montre la reine d'Égypte dans son bain en train de positionner ses soldats en bois sur une carte pour organiser une bataille contre Rome. Le spectateur a l'impression qu'elle se sert des pions et de la carte pour planifier une bataille mais aussi qu'elle joue en sacrifiant ses pièces pour obtenir la victoire (son gain).

Le passage suivant de l'écrivain José Saramago est une illustration parfaite de l'idée du philosophe : « *Imaginons un chasseur qui aurait préparé amoureusement son attirail, son fusil, sa cartouchière, sa musette avec les victuailles, sa gourde d'eau, sa carnassière pour le gibier, ses brodequins, imaginons-le sortant avec ses chiens, décidé, plein d'entrain, prêt à une longue expédition comme c'est habituellement le cas avec les aventures cynégétiques, et tandis qu'il tourne le coin de rue le plus proche, tout à côté de chez lui, une compagnie de perdrix disposées à se laisser tuer traverse son chemin, elles s'envolent mais ne partent pas de là, malgré les coups de fusil qui les déciment, à la joie et à la surprise des chiens qui jamais de leur vie n'avaient vu la manne tomber du ciel en pareille quantité. Quel intérêt aurait pour le chasseur une chasse aussi facile, les perdrix s'offrant pour ainsi dire au canon des fusils, se demanda monsieur José, et il donna la réponse évidente, Aucun* »[48]. La pensée pascalienne est donc bien plus riche que celle des libéraux qui montreront qu' à côté du plaisir d'avoir et de consommer il existe un plaisir d'entreprendre. Pour Pascal les deux fonctionnent ensemble via l'incertitude qui crée stimulation et excitation. C'est un tel inconscient que dévoile le philosophe grâce à son analyse sur le jeu. La description du chasseur ressemble à ce comportement des hommes d'affaire décrit par Bernard Maris (ancien économiste décédé à Charlie Hebdo) qui évoque le théorème de Merton : *« Merton avait démontré un théorème que l'on pourrait appeler : le théorème d'excitation. En gros plus un marché est risqué, plus un spéculateur est excité, et plus il a envie de prendre des risques, ce qui excite encore plus le marché, et excite encore plus les spéculateurs »*[49]. Bref, plus le gain possible est élevé, plus cela suscite l'intérêt ; plus le gain est important, plus je suis excité à l'idée de jouer ; plus le gain est possible et la mise importante bien qu'incertaine, plus cela me donne envie de tenter. Le joueur, le chasseur et le spéculateur partagent ainsi des points communs. On le comprend : l'analyse psychologique du joueur est révélatrice de mécanismes mentaux et affectifs qu'on retrouve chez les personnes qui semblent opposés au profil du joueur. Il serait donc injuste de critiquer l'analyse du jeu vidéo. Les joueurs assument et acceptent ce que les autres (qui ne jouent pas) préfèrent se cacher à eux-mêmes. Force en effet est de constater que l'analyse de l'activité ludique nous permet de découvrir de nombreux aspects insoupçonnés de notre propre psychologie quotidienne.

2.2 Petites remarques complémentaires

Le jeu vidéo est pourtant bien différent des jeux d'argent ou des jeux qui proposent une récompense. L'analyse de Pascal qui prend en compte cette agitation doit alors laisser place à des considérations supplémentaires. Conservons cependant certains acquis du raisonnement précédent : si l'homme ne cherchait qu'à réaliser ses objectifs, il choisirait les moyens les plus adaptés, les plus efficaces et les plus rapides pour les atteindre. Les moyens seraient secondaires et seule compterait la fin. Imaginons qu'on découvre une lampe magique qui nous permette d'obtenir l'objet de tous nos désirs instantanément. Je désire une maison et elle se construit en une seconde. Je désire cette femme, je l'obtiens à la seconde même. Je désire être milliardaire ou aller à Rome, je le suis à l'instant même. L'homme finirait par s'ennuyer puisque le gain est certain et puisque l'activité qui y conduit (séduire, construire, agir) n'a plus aucune raison d'être. De même pour le jeu : nous ne souhaitons pas aller au générique de fin en une seconde (signe de lassitude). Le philosophe Jean-Jacques Rousseau nous rappelle que lorsque l'objectif est d'atteindre une destination, alors il nous faut rechercher le moyen le plus rapide. Mais c'est parce que le trajet en lui-même ne compte plus. Il montre ainsi qu'un homme qui veut voyager ne peut voyager qu'à pied, seul moyen pour contempler le trajet lui-même et ce qu'il propose. Si l'objectif est d'arriver, alors le déplacement est une contrainte et la vitesse un atout. Mais avec la vitesse, nous ne pouvons plus rien explorer du paysage alentour : « *Quand on ne veut qu'arriver on peut courir en chaise de poste ; mais quand on veut voyager il faut aller à pied* »[50]. On parlerait aujourd'hui plutôt du TGV ou de l'avion, non de la chaise de poste. Mais le raisonnement reste convaincant. On peut le suggérer encore autrement en reprenant la différence proposée par Milan Kundera entre la route et le chemin. Si la route a pour objectif de faciliter notre transport en nous permettant d'atteindre une destination, elle n'a pas pour vocation première de nous faire admirer le paysage : sa contemplation est secondaire. Le chemin, au contraire, implique qu'on ne connaisse pas nécessairement la destination et il est même emprunté pour qu'on puisse jouir du spectacle sans connaître à l'avance ce qu'il contient[51]. Les *fonctions* de la route et du chemin sont différentes et par conséquent le déplacement lui-même n'a plus le même *sens* ou le même *intérêt*. Dans le premier cas je me déplace pour atteindre Paris tandis que dans le second cas je choisis le chemin pour me promener sans véritable but. Coleridge décrivait exactement de la même manière le lecteur de poésie : « *Le lecteur devrait être entraîné vers l'avant, non par un désir impatient d'atteindre la fin ultime, mais par le voyage, source du plaisir en lui-même* »[52]. Ce qui est vrai du voyage et de la lecture est vrai également de la pratique du jeu vidéo.

Pourquoi prendre le temps pour de telles remarques ? Pour rappeler que l'expérience vidéoludique ne propose ni une récompense finale (comme le jeu d'argent) ni une route censée mener à une destination qui seule aurait de la valeur. Elle propose à la fois un *chemin* qui est un voyage (avec de l'imprévu au niveau des circonstances, des rencontres, des événements aléatoires) et une *route* qui doit conduire à une destination (une fin). Même lorsqu'elle propose un objectif (retrouver tel compagnon, sauver telle cité, trouver un remède pour son frère, coloniser telle planète, etc.) l'aventure doit être un chemin ouvert et le parcours avoir une valeur d'exploration. Nous réalisons en jouant à la fois notre progression vers un objectif tout en ayant l'impression d'arpenter un chemin qui contient ce qu'on ne peut connaître à l'avance. Le joueur peut connaître une frustration s'il ignore sa progression ou s'il a l'impression de ne plus progresser dans l'histoire. Nombreux sont les jeux à indiquer en terme de pourcentage l'avancement dans la quête. Pourtant le joueur ne souhaite pas aller le plus vite possible à la fin :

signe, sinon, de son ennui qui prouve que le cheminement ne l'intéresse plus. Lorsqu'en effet tout devient prévisible et répétitif (notamment en raison de la redondance des quêtes fedex, des décors répétitifs, de motifs récurrents dans le décor) le joueur a l'impression que la route uniforme s'est substituée au chemin surprenant. Un pur chemin qui ne comprend que des objectifs balisés peut donner la sensation d'emprisonnement (aucun sentiment de liberté comme le dévoile le syndrome du « jeu de couloir » : le joueur avance dans un décor vide en lui-même, attendant le déclenchement à tel point d'arrivée de tel événement qu'il connaît et anticipe) tandis qu'une pure route (le jeu bac à sable) finit par lasser en l'absence d'objectifs lorsque toutes les circonstances imprévues sont connues. Or, l'une des difficultés des jeux vidéo est justement de savoir comment réconcilier ses deux dimensions en fonction des genres proposés. Car une route trop longue peut ennuyer comme un chemin trop court frustrer. Et tout dépend du voyage à vivre. Le juste équilibre entre route et chemin, ainsi que la juste durée accordée au cheminement, est une composante essentielle de l'expérience comme de nos émotions. L'émotionnel ne peut se développer que dans un cadre temporel précis. Il est ainsi difficile de s'attacher à un personnage qu'on ne connaît pas. Ses objectifs et ses émotions nous laissant insensibles. Cette gestion du temps ainsi que la recherche du juste équilibre entre liberté et histoire est indirectement présente à travers une belle séquence du *Making of* de Silent Hill 2 qui témoigne d'une réflexion à ce sujet. L'équipe de développement explique ainsi la séquence de départ de ce jeu : le joueur arrive sur un parking abandonné et doit à pied emprunter un chemin pour entrer dans le village. Le chemin est assez long, monotone et paraît ennuyeux puisqu'il ne se passe absolument rien. Cependant, les programmeurs disent que la longueur de la route engendre une peur et une tension croissantes chez le joueur puisqu'il sent qu'il s'éloigne de plus en plus du parking pour entrer dans une ville inconnue. L'angoisse n'aurait pu se manifester chez le joueur si le trajet entre la ville et le parking avait été plus court.

2.3 Petites remarques supplémentaires

Pascal a montré que le repos est une chose que fuit l'être humain. Rien de pire qu'imaginer une immobilité permanente qui engendrerait l'ennui. Pour le philosophe, cette peur de l'ennui est la véritable raison qui explique l'agitation. Cela signifie trouver une activité pour ne pas sombrer dans l'apathie que produirait l'absence d'activité, symbole de l'immobilité. Tous les comportements, aussi différents soient-ils, possèdent donc ce ressort qui est leur point commun : fuir ce qui se passerait si l'on n'agissait pas. Mais Pascal montre que l'activité, le mouvement continuel sans repos, serait tout autant insupportable. L'homme veut l'activité à condition qu'à sa suite apparaisse un repos bien mérité ; mais ce repos mérité ne doit pas être définitif, et doit alors précéder la reprise de l'activité qui va lui succéder. Bref, l'homme n'aime ni le repos absolu ni le mouvement absolu ; il veut le mouvement *et* le repos lorsqu'ils sont relatifs l'un à l'autre ; il veut le repos après le mouvement ainsi que le mouvement après le repos. On peut cependant nuancer cette philosophie trop stricte qui prétend expliquer toute l'activité des êtres humains à partir de la secrète horreur de l'ennui qui les envelopperait en cas de passivité généralisée. Dans ses cours au Collège de France, le philosophe, psychiatre et médecin Pierre Janet que nous avons déjà rencontré, critique une vieille théorie qui veut que les enfants jouent pour décharger un trop plein d'énergie que conserverait encore leur corps. On suppose ainsi qu'ils dépensent de l'énergie (musculaire, nerveuse et psychique) dans des activités et que le reste d'énergie encore présent en eux a besoin de se dépenser. Les enfants chercheraient donc à se défouler. L'auteur montre au contraire que le jeu permet de *recharger* son énergie grâce à l'activité ludique qui met entre parenthèses le sérieux pesant de l'existence. Il est plus facile en effet aux enfants de faire plusieurs heures de cours si celles-ci sont entrecoupées de pauses : en jouant lors de la récréation ils peuvent ainsi se ressourcer pour être mieux disposés avant de retourner à leur tâche. Il semble en effet difficile d'imaginer des heures de cours sans jamais aucune pause : « *Il était épuisé à la fin de la classe, il est rechargé à la fin de la récréation par le jeu qui s'est montré tout le contraire d'une décharge* »[53]. Le jeu permet de nous libérer des tâches qui monopolisent notre énergie en l'épuisant. Pierre Janet semble considérer le jeu comme un moment qui s'intercale par instants parmi les pesanteurs de notre existence. Mais si le jeu est un formidable moyen de nous ressourcer, il nous permet également de nous confronter à un ensemble de sollicitations afin de nous aider à faire autre chose que *fuir* l'ennui (comme le veut Pascal). Il nous aide à *lutter* activement contre lui en redonnant de l'énergie.

Distinguons plusieurs types d'ennui. Lars Fr. H. Svendsen remarque qu'il en existe trois principaux : l'ennui lorsque nous sommes contraints d'effectuer ce que nous n'aimons pas ; l'ennui lorsque nous ne pouvons accomplir ce que nous aimons ; l'ennui existentiel enfin, le pire, du fait de ne pas ou plus savoir ce que nous voulons. L'ennui s'explique donc par une déficience d'amour qui est leur point commun : ne pas aimer ce que nous accomplissons (un travail sans intérêt) ; ne pas pouvoir accomplir ce que nous aimons ; ne plus savoir quoi aimer ou ne plus savoir si nous pouvons encore aimer (tout nous indiffère)[54]. On ne joue donc pas par ennui. Non seulement le jeu n'est pas pratiqué par dépit afin de fuir l'ennui mais il permet bien plutôt de lutter efficacement contre lui. De nombreux zoologistes ont en effet montré que les oiseaux en captivité (dans des zoos) finissaient par dépérir en raison d'un environnement totalement sécurisé. Les oiseaux n'ont plus aucune raison d'agir puisqu'ils ne rencontrent plus aucun problème vital, plus aucun stimulus inédit susceptible de capter leur attention. Un monde prévisible est donc un monde ennuyeux. Pour éviter ce dépérissement fatal, des chercheurs ont eu l'idée de placer des casse-têtes devant être résolus pour que les espèces en question obtiennent leur nourriture. On constate alors que les oiseaux redéveloppent une réelle motivation. Le jeu vidéo permet de renouveler sans cesse nos sources de stimulation et d'excitation en exigeant de nous, on l'a vu dans une précédente partie, d'apprendre par auto-information. Il nous propose justement, nous l'avons vu également, de développer de manière stimulante nos capacités (travail de la mémoire, défis et casse-têtes logiques, apprentissage par auto-information, travail de la pensée visuelle, etc.) pour fuir un environnement ennuyeux qui ne propose plus aucune opportunité de développer nos aptitudes. En outre, si un environnement totalement sécuritaire n'engendre plus que monotonie et ennui, un environnement qui nous confronte à des problèmes vitaux déclenche de l'anxiété, de l'angoisse et des soucis. Le jeu vidéo crée un environnement qui échappe à cette alternative. Il est question de jeux d'énigmes, de dextérité, d'agilité, de réflexions, d'organisation qui permettent d'échapper à un univers totalement sécuritaire où ne règne que la vide répétition ; il permet aussi de fuir un monde où des problèmes vitaux engagent notre survie. Quel plaisir de jouer sans rien risquer de fatal ! Ne même plus avoir le temps de jouer est le signe d'une vie accaparée par les besognes. Démocrite n'avait-il pas raison d'écrire dans un fragment : *"Une vie sans fêtes est comme une longue route sans auberges"* ? Le jeu ne veut pas nous aider à fuir le réel : il construit tout au contraire un environnement dynamique qui exige de nous l'utilisation de nos capacités. Il vaut alors plus que le seul divertissement. Pensée, imagination, mémoire, agilité peuvent en effet se développer dans un contexte sécurisé et ludique. Ainsi, il nous recharge pour nous aider ensuite à mieux retrouver le monde et nous y confronter.

3.1. Le jeu. Une action auto-télique

Imaginons qu'une personne ait pour objectif de gagner de l'argent pour le conserver. Il existe différentes méthodes et différents moyens : travailler, chercher des revenus passifs, investir, jouer en Bourse, voler, vendre des produits illicites, etc. La fin et les moyens sont donc différents. Si la valeur est attribuée au but (gagner de l'argent) le moyen ne sera apprécié que pour autant qu'il permet d'atteindre la fin. En lui-même il ne possède pas nécessairement de valeur. Si un individu se voyait dans l'impossibilité de vendre des produits illicites pour gagner rapidement des revenus, il utiliserait alors une autre stratégie et s'en satisferait si elle lui permettait de réaliser ses objectifs. Il s'agit d'une perspective utilitaire : *« L'utilité est une notion essentiellement relative, car une chose n'est jamais utile qu'à autre chose, comme un moyen à une fin »*[55]. En effet, si vous considérez que votre fin X a une valeur, alors les outils A, B, C ou D permettant l'obtention de X seront jugés utiles. Si votre objectif n'est plus X mais Y, alors il est fort possible que A, B, C ou D vous deviennent indifférents. En eux-mêmes, les options en question (A,B, C ou D) n'ont d'utilité que par rapport à ce à quoi elles sont subordonnées : la fin. Il est même possible, une fois l'objectif atteint, que celui-ci devienne un moyen en vue de nouveaux buts (voyager, séduire, ne plus travailler et faire ce que l'on désire, etc.). La fin est devenue un moyen et n'a de valeur que par rapport aux nouveaux objectifs. Nous éprouverons alors du plaisir à atteindre la fin ou à découvrir que nos moyens nous permettent progressivement de la réaliser. Or, il se trouve que de nombreuses actions chez l'être humain ne s'expliquent pas par cette logique utilitariste. Plusieurs comportements n'apportent de satisfactions que parce que la fin et les moyens coïncident. La philosophie les appelle : des actions auto-téliques. Imaginez que votre but soit de vous promener. Comment réussir à se promener ? En vous promenant. Même si vous choisissez la marche, le cheval ou la bicyclette, de tels moyens *réalisent* la fin : elles ne cherchent pas à *atteindre* une fin différente. Imaginez encore que votre objectif soit de lire. Comment réaliser le désir de lecture ? En lisant. Le plaisir consiste ici à accomplir l'action qui est à elle-même sa propre fin : le plaisir de se promener pour se promener, le plaisir de lire en lisant, le plaisir de pratiquer le sport pour le simple plaisir de faire du sport. Si vous voulez vous promener pour perdre du poids et entretenir votre santé, la promenade devient une méthode parmi d'autres et n'est plus l'objectif principal (qui est la perte de poids). Ce n'est plus une action auto-télique. Par contre, si vous désirez vous promener et partez en promenade avec plaisir tout en sachant que les conséquences de la promenade engendreront des effets bénéfiques pour votre santé, votre action est toujours autotélique car le but est de vous promener et les bienfaits de simples conséquences.

Jouer en ce sens est une action autotélique. L'objectif : jouer. Le moyen : jouer. Il se trouve que le psychologue Csikszentmihalyi a montré que l'une des conditions nécessaires pour le bonheur consiste à réaliser des actions autotéliques. Il remarque en effet que les personnes qui sont happées par leurs tâches parce qu'elles désiraient les accomplir, vivent l'action et par conséquent le présent plus intensément. Le moment présent n'est agréable que si nous agissons de manière autotélique. Les projections (vers le passé ou le futur) deviennent marginalisées puisque notre attention se focalise sur l'instant qui désormais a seul de la valeur. Une telle expérience montre que l'être humain se libère de ses névroses, de ses angoisses, de ses pulsions sexuelles, de ses traumatismes, de ses phobies puisqu'il est tout entier tourné vers le présent et l'actualisation de ses actions. L'action autotélique fait partie pour l'auteur de nos expériences optimales qui se définissent d'après lui par plusieurs caractéristiques : la tâche entreprise constitue un défi. L'individu se concentre totalement sur ce qu'il fait au point de s'y absorber. La cible visée est claire et définie. L'engagement de l'individu est tel qu'il n'est aucunement distrait car impliqué dans son activité. La personne contrôle ses actions. La préoccupation pour soi-même disparaît bien que le sentiment de soi en ressorte renforcé à la fin de l'expérience. Enfin, la perception de la durée est modifiée puisque le sujet s'investit dans l'activité présente au point de négliger ses prospections (projection vers le futur) ou ses rétrospections (se rappeler le passé et des événements anciens). Il s'agit, on le voit, de décrire la *structure* de l'activité autotélique[56]. Cette structure est identique, quelle que soit l'action autotélique : se promener pour se promener, jouer pour jouer, lire pour lire, écrire pour écrire (etc.). Or, même si des individus n'aiment pas la lecture ou le jeu vidéo, force est de constater que leur satisfaction est optimale dès qu'ils trouvent l'activité autotélique qui leur correspond. L'amoureux de la lecture ne se rend donc pas compte que le joueur qui trouve sa satisfaction dans une activité différente de la sienne a néanmoins autant de plaisir que lui puisqu'ils partagent un point commun : l'accomplissement de différentes activités ayant même organisation. Peu importe *le contenu* de l'action autotélique, l'objectif est de trouver de telles actions qui nous gratifient, puisque celles-ci procurent de meilleures satisfactions que celles apportées par les activités utilitaristes dont les contenus changent sans fin. Ainsi, le joueur, le lecteur, le sportif ont des points communs : ils révèlent le fait qu'être absorbé dans une tâche, accomplir ce qui plaît, contrôler ses actions, ne pas être distrait, fusionner avec le présent, sont des éléments qu'ils partagent et qui expliquent leurs satisfactions. Bien évidemment, la question de savoir si cette activité *suffit* à rendre heureux est une chose. Mais elle est une condition *nécessaire* même si elle reste insuffisante.

Une telle réflexion permet alors de détruire un nouveau stéréotype. Le jeu vidéo est considéré comme une activité inutile. Mais l'analyse des actions autotéliques, qu'on a distingué des actions utilitaires, prouve que c'est justement lorsque nous faisons des choses sans nous poser la question de leur utilité, que nous pouvons éprouver une certaine joie. Lorsque nous poursuivons une fin qu'on distingue des moyens de l'obtenir, l'objectif en question peut être librement choisi ou au contraire contraint et imposé. La différence est cruciale pour comprendre nos sentiments de plaisir. Si nous sommes libres de choisir nos objectifs, c'est bien parce que nous choisissons notre propre manière d'exister parmi plusieurs options. Au contraire, lorsque les fins s'imposent à nous, elles deviennent des contraintes dans la mesure où nous devons accepter de nous y soumettre. Inspirons-nous de l'exemple du promeneur dans *Le contrat social* de Jean-Jacques Rousseau. Vous vous promenez et un bandit armé surgit de derrière les buissons pour vous demander « La Bourse ou la vie ? ». Cette situation imposée exprime un rapport de force où la seule possibilité est de nous soumettre ou de mourir. Il n'y a pas de liberté là où nous n'avons que le choix entre la mort et la soumission. Il nous est impossible de choisir d'autres possibilités, d'autres options. Le contexte est donc totalement différent de celui qui permet à un individu de librement choisir ses fins. Dans ce dernier cas, il n'a plus à choisir entre la mort ou la soumission à un objectif qui s'impose à lui. Par conséquent, il est libre de choisir les fins et les méthodes qu'il souhaite. Or, lorsque la fin est vécue comme une contrainte qu'il nous faut satisfaire, nous n'avons pas de réel plaisir puisque nous y sommes soumis. Prenons des exemples. Lorsque je suis gravement malade, il est dans mon intérêt de me soigner (fin) et de prendre un médicament (moyen). Lorsque mon frigidaire est vide, il me faut aller faire des courses (fin). Lorsque je n'ai plus d'argent, il est dans mon intérêt d'en gagner (fin) et je n'ai pas d'autre choix que detrouver une source de financement. Il est donc dans notre intérêt vital de les accomplir. Mais ces situations sont vécues comme étant contraignantes. On comprend mieux alors le philosophe

Vladimir Jankélévitch qui consigne de manière lumineuse la réflexion suivante : *« On peut toute sa vie ne faire que des choses utiles et n'être jamais être heureux »*[57]. Car il n'y a aucun réel plaisir à accomplir des actions utiles (se soigner, se nourrir, se procurer de l'argent) lorsque nous leur sommes soumis. Le plaisir, s'il existe, ne sera pas d'avoir accompli l'action comme telle, mais de nous être enfin libéré de la contrainte. On comprend pourquoi les actions autotéliques procurent une satisfaction plus profonde, plus forte et plus durable : elles ne sont pas des contraintes qui s'imposent à nous et lorsque nous les réalisons, nous avons l'impression de nous accomplir. Ce qui n'est pas le cas des tâches contraignantes dont on se libère. À nouveau, qu'on n'aime ou pas le jeu vidéo, force est de comprendre la dimension autotélique de ce comportement avant de la juger.

3.2 Petite remarque sur le perfectionnement. La logique de la « sauvegarde »

Le philosophe Spinoza définit ainsi nos principales affections (joie, tristesse) dans la troisième partie de *L'Éthique,* son ouvrage posthume : *« La joie est le passage de l'homme d'une moindre à une plus grande perfection ».* Il explique ainsi la logique de son déploiement : *« Je dis passage. Car la joie n'est pas la perfection elle-même. Si en effet l'homme naissait avec la perfection à laquelle il passe, il la posséderait sans affection de Joie »* - ce perfectionnement étant celui de la puissance d'agir[58]. Si l'homme était parfait il ne pourrait connaître de perfectionnement. Si nos actes n'exprimaient qu'une quantité de puissance toujours égale à elle-même, sans horizon de perfectionnement, nos motivations disparaîtraient. C'est dans la mesure où l'individu pressent un perfectionnement possible qu'il éprouve son Désir. Le perfectionnement (processus) n'est donc pas la perfection (état). Le raisonnement spinoziste nous prouve tout d'abord que les sentiments de tristesse et de joie obéissent à une logique identifiable. Nous ne sommes pas tristes ou joyeux par hasard. Lorsqu'une personne éprouve et se représente son perfectionnement, elle ressent alors de la joie (bien plus que du plaisir). Le plaisir nous envahit lorsque nous assouvissons certaines fonctions (manger, boire, dormir, se promener). Il survient : je ne mange pas pour le plaisir que cela me donne mais j'ai du plaisir en mangeant car je satisfais ma faim. Je ne mange pas pour le plaisir mais par plaisir. Nous mangeons avec plaisir, non pour le plaisir attendu. La joie est différente car elle implique l'utilisation de nos aptitudes alors que le plaisir résulte plutôt de l'assouvissement des besoins et des tendances. Du fait d'être utilisées, nos capacités peuvent se développer et se renforcer. Lorsque nous sommes capables de nous représenter leur évolution, alors nous manifestons de la joie. Nous pouvons ainsi éprouver du plaisir à courir ; mais nous éprouverons de la joie en découvrant que nous courons plus longtemps, ou encore, lorsqu'en effectuant des mêmes distances, nous découvrons que nous les accomplissons plus rapidement ou en étant moins épuisé. La joie s'applique autant aux pouvoirs corporels qu'aux pouvoirs intellectuels. Elle est impossible si nous ne pouvons comparer différents états d'une même aptitude pour les évaluer (mieux, moins bien). Inversement, la tristesse résulte d'un sentiment de déclin, de perte de puissance. Elle est liée à l'idée de régression dans ce contexte. Joie et tristesse ne peuvent donc être pensées indépendamment l'une de l'autre.

La logique spinoziste s'applique à la réalité en général. Prenons l'écrivain Haruki Murakami qui rédige un court roman expliquant pourquoi il a pratiqué la course à pied. Il affirme s'imposer une telle discipline régulièrement en résumant sa sagesse ainsi : « *Pour moi, courir est à la fois un exercice et une métaphore. En courant jour après jour, en accumulant les courses, je dépasse les obstacles petit à petit et, lorsque j'ai réussi à franchir un niveau supérieur, je me grandis moi-même. Du moins j'aspire à me grandir, et c'est pourquoi je me contrains à ces efforts quotidiens* ». Il écrit encore : « *La majorité des coureurs ordinaires sont avant tout motivés par un but personnel, qui consiste en général à parcourir telle distance en un temps donné. Quand l'athlète réalise ce temps, il (ou elle) a le sentiment d'avoir accompli ce qu'il s'est fixé de faire, et s'il n'y arrive pas, il aura le sentiment d'avoir failli. Même s'il ne parvient pas au temps qu'il espérait atteindre, tant qu'il éprouve de la satisfaction d'avoir fait de son mieux [...] sa course est perçue comme un accomplissement* »[59]. Ce que découvre l'écrivain japonais sert d'exemple au raisonnement de Spinoza, mais s'applique tout autant à l'expérience des joueurs (songeons même à ce que le monde vidéoludique appelle le "speedrunner"). De nombreux jeux nous confrontent à des difficultés et à des obstacles (jeux d'action, de plateforme ou Die & Retry) mais surtout, ils exigent de nous des sessions successives pour poursuivre, continuer, recommencer ou approfondir. Contrairement au jeu de plateau ou aux jeux de cartes et sportifs, le jeu vidéo est inséparable de l'invention du système de sauvegarde puisque par principe il nous faut continuer, poursuivre et reprendre. Apprendre à triompher des obstacles suppose le perfectionnement de notre mémoire, de nos réflexes, de notre dextérité ou même de notre faculté d'observation. Plus ce perfectionnement est ressenti (nous pouvons réussir ou échouer mais en nous y prenant bien mieux) plus la joie sera forte et le Désir en éveil (puisqu'il s'inscrit dans un horizon de perfectionnement). Cette autre phrase de Samuel Beckett en est encore une parfaite illustration : « *Déjà essayé. Déjà échoué. Peu importe. Essaie encore. Échoue encore. Échoue mieux* ». Jouer est donc un exercice et une métaphore révélatrice pour parler comme Murakami : le joueur découvre à travers le jeu une joie dont la logique est présente en dehors du jeu. Nous éprouvons de la joie à contrôler, à nous maîtriser ainsi qu'à nous perfectionner aussi bien dans la réalité que dans le jeu vidéo. Réel et virtuel ont ainsi une logique commune.

3.3 Expérimentation et auto-information

Prétendre qu'un joueur connaît à l'avance la totalité de ce qu'il va ressentir afin d'en déduire pourquoi il pratique le jeu vidéo est une erreur. Le concept d'expérimentation remet précisément en cause une telle hypothèse. L'idée rappelle cette disposition du joueur pour l'inconnu, le surprenant, le nouveau, l'inattendu. Mais cette idée évoque surtout le fait que le joueur ne se contente pas d'évaluer à partir de ses préférences initiales le contenu d'un jeu : il apprend plutôt à ré-évaluer ses goûts à partir de ce qui lui est proposé. Fernando Savater affirme que chez les êtres humains il existe des actions artistiques et poétiques particulières qu'il décrit ainsi : « *Les intentions de cette rubrique, les expériences, ne sont pas très sûres de ce qu'elles tentent, ce sont des projets de l'indéfini et des désirs qui parviennent rarement à expliquer à l'avance et clairement leur dessein* »[60]. C'est le cas de l'artiste qui ne sait pas toujours à l'avance ce qu'il va peindre. Le joueur n'est-il pas dans une tel état d'esprit ? Bien avant de savoir ce qu'un jeu contient et les effets qu'il va produire sur lui, bien avant même de savoir pourquoi il va jouer (puisqu'il ne sait pas ce qui l'attend), le joueur attend plutôt d'être surpris par ce qu'il va découvrir. Il sera même capable de s'étonner de ce que le jeu va susciter en lui d'un point de vue : physique, émotionnel, affectif, esthétique et imaginaire. Le jeu vidéo-ludique est une *expérimentation continue* à partir de laquelle toute personne peut être surprise de ses réactions. Paul Ricoeur a rappelé qu'une émotion a toujours cette capacité à nous surprendre (si je suis effrayé, je découvre avec retard ma réaction qui précède ce que ma pensée pouvait anticiper)[61].

Le joueur peut donc découvrir sur lui-même une série de réactions qu'il ignorait en apprenant progressivement à explorer le contenu d'un jeu. Il est étonné de se sentir charmé par des graphismes enfantins, de découvrir l'envoûtement de telle musique dans telle circonstance, de réaliser qu'il est nerveux et irritable alors qu'il ne l'a jamais été socialement. Les programmeurs sont donc des enchanteurs auxquels décident de se soumettre les joueurs. Celui qui n'apprécie pas la musique électronique aux sons rétros pourra se trouver charmé par elle dans un jeu de plate-forme très nerveux comme *Super Meat Boy* ; celui qui n'aime pas le style hard rock pourra pourtant l'apprécier dans un jeu coloré au style pixel art tel que *Valfaris*. Celui qui se désintéresse de l'époque médiévale et de religion pourra pourtant être totalement envoûté par un jeu scénaristique qui traite de telles questions (*Les Pilliers de la terre*). Il s'agit de redécouvrir des éléments connus (musique, graphisme) dans des configurations inédites qui nous les font évaluer différemment ; mais il s'agit également de s'ouvrir à l'inconnu auquel nous confrontent les programmeurs afin de provoquer des réactions qui nous aident à nous redécouvrir.

Il est possible de comparer l'importance du travail accordé à la mise en scène dans le jeu vidéo avec ce qu'on nomme l'effet de cadrage en psychologie. Cette théorie montre les effets du contexte sur le sens donné aux informations. Il nous semble important de pratiquer ce détour pour comprendre l'une des particularités du monde vidéoludique. On pourrait croire qu'une même information objective subsiste malgré les différentes manières de la présenter. Il se trouve que, le plus souvent, le contexte influe sur nos émotions, nos décisions et la signification même qu'on donne à une information. Affirmer « la bouteille est à moitié vide », « La bouteille est à moitié pleine » ou encore « La France a perdu 2-0 contre l'Italie » ou « l'Italie a gagné 2-0 contre la France » semble décrire la même réalité. Pourtant, la première présentation des deux exemples est négative en raison des mots défaitistes (perdre) dans le premier cas ; en raison des termes qui évoquent la perte et le manque dans le second. Les deuxièmes formulations sont positives car elles utilisent des mots valorisants (gagner) et se concentrent sur ce qui reste et non sur ce qui a été perdu et soustrait. De telles conséquences en apparence anodines mènent fort loin puisqu'elles dévoilent des liens complexes entre la logique et le psychologique. Daniel Kahneman prend des exemples fascinants[62] : si une station essence affirme à ses clients qu'ils peuvent payer leur plein d'essence en espèces au prix indiqué à la pompe (100€) ou avec leur carte de crédit augmentée d'une légère taxe (103€), les clients paieront plus volontiers en espèces s'ils le peuvent.

Cependant, si on présente la même situation autrement, en leur faisant croire que le prix final à la pompe incorpore une taxe (103€) qu'ils peuvent payer en carte bleue ou en espèces avec un bon de réduction de 3€ (100€), la plupart paieront avec leur carte bleue. Daniel Kahneman analyse la situation ainsi : dans la première situation la taxe est vécue comme une contrainte. Or, une contrainte est déplaisante. Je m'empresse d'y échapper si j'en ai l'opportunité. Dans la seconde situation, le bon de réduction est associé au sentiment de liberté plutôt qu'au sentiment de la contrainte : je peux en faire usage si je le veux pour bénéficier de trois euros de réduction. Les individus ne vivent donc plus ces trois euros comme une contrainte (puisqu'ils ont le choix de faire usage du bon de réduction) mais estiment que trois euros ne représentent qu'une somme minime. Ils délaissent alors pour la plupart le bon de réduction. Mais prenons un exemple plus existentiel. Dans le film iranien *Le passé* (2013) du réalisateur Asghar Farhadi, une femme refait sa vie en compagnie de son nouvel amant dans sa maison. Elle doit cependant recevoir, pour officialiser leur divorce, son ancien mari avec qui elle a pourtant vécu dans cette même demeure. Le nouveau mari *construit*, retape et aménage la maison alors que l'ancien mari a plutôt l'impression qu'on *détruit* l'habitat de ses souvenirs. Le nouvel amant perçoit et décrit son activité de manière positive : le verbe créer suppose de faire être quelque chose qui n'existait pas. On ajoute dans le réel du nouveau en modifiant l'ancien. L'ancien mari perçoit au contraire une activité destructrice : il perçoit l'anéantissement des choses qu'il a aimées et qui n'existeront plus jamais. La perception et l'évaluation du nouveau mari et de l'ancien ne sont donc en rien identiques. On perçoit l'importance des effets de cadrage pour expliquer perception et émotion. Du point de vue logique on peut donc affirmer que les informations sont identiques alors pourtant que, d'un point de vue psychologique, elles s'avèrent différentes.

Si les exemples du psychologue se focalisent sur les formulations linguistiques (écrit comme oral), le jeu vidéo expérimente ce qu'on pourrait appeler un effet de cadrage à travers la mise en scène qui traite le visuel, l'animation et le sonore à sa façon. Le style a exactement les mêmes effets que cet effet de cadrage (*framing effect*). Les thèmes (guerres, violence etc.) se trouvent réalisés à travers des styles dont on ne peut les séparer comme des informations « objectives » qui subsisteraient en elles-mêmes et seraient indépendantes du traitement stylistique. Il est en effet possible de varier nos appréciations sur un jeu de guerre selon justement le traitement visuel, sonore et sa mise en scène. Un jeu de guerre réaliste doté d'un fond sonore oppressant pourra nous laisser totalement indifférent alors que le « même » jeu présenté avec un graphisme enfantin, des animations plus hachées et une sonorité digne des premiers Amstrad CPC 464 pourra au contraire nous séduire. Il est possible qu'un jeu de guerre nous laisse indifférent (un *Call of Duty* réaliste) alors que la même thématique nous intéressera lorsqu'il sera question d'un jeu de gestion au tour par tour (et inversement). Nous pouvons être séduits par une histoire en raison du graphisme accordé aux personnages alors que le même récit nous désintéressera si une autre patte artistique est utilisée. Les jeux vidéo sont même, selon nous, obligés de travailler cet effet de cadrage en raison d'une compétition entre eux. En effet, aucune équipe ne peut reproduire à l'identique les jeux d'une autre équipe concurrente. Non pas qu'ils seraient considérés comme des plagiats mais parce qu'un joueur a bien moins de plaisir à expérimenter un nouveau jeu qui lui donne l'impression de refaire ce qu'il a expérimenté autrefois avec plaisir. Il faut donc que les programmeurs innovent et il n'existe selon nous que deux possibilités. Soit inventer un genre de jeu nouveau et inédit. Soit traiter de manière originale des jeux identiques par ces effets de cadrage. Il s'agirait d'une *reprise* au sens musical du terme (aborder la même chanson mais présentée autrement à travers une variation : l'identique se conjugue avec la différence) plutôt que d'une répétition à l'identique (la même chanson). Or, cette variation et cette originalité ne sont possibles que par de tels effets de cadrage ; les programmeurs sont contraints de créer le plus souvent un jeu parmi un vaste genre déjà existant mais en variant leur traitement sonore, artistique, visuel comme le gameplay, etc.

4.1 Petite rhétorique des blâmes

La logique est une science formelle qui nous explique comment bien conduire notre raisonnement. Si j'affirme que A est supérieur à B (A>B) et que B est supérieur à C (B>C) alors je dois en conclure que A est supérieur à C (A>C). Ce qu'on nomme la transitivité (A>B>C). Des ornithologues ont remarqué que des espèces d'oiseaux respectaient cette hiérarchie : si A se chamaille avec B et devient le dominant, B s'incline alors devant lui. Si B entre en conflit avec C et devient le dominant, C s'incline alors devant B. Or, si C qui n'a jamais rencontré l'oiseau A constate que B s'incline devant lui (A), alors C comprendra qu'il lui faudra se soumettre : il n'a pas à entrer en conflit direct avec lui pour le savoir : si B est mon supérieur et A le supérieur de B, je comprends que je serai nécessairement dominé par A. Si la logique analyse comment nous devons raisonner, la psychologie analyse comment nous raisonnons au quotidien. La première entend corriger les imperfections de nos manières de penser puisqu'elle constate nos fautes de raisonnement dans la vie de tous les jours. Prenons comme exemple les analyses psychologiques qui ont tendance à privilégier le déterminisme mécanique (si A, alors nécessairement B). Ce type de raisonnement est constamment présent dans les observations qui portent sur le jeu vidéo. Lorsqu'en effet on cherche à répondre à la question de savoir si le jeu violent produit de l'agressivité ; si le jeu isole et nous coupe des relations sociales, le questionnement repose indirectement sur un tel déterminisme : si A, alors B ? Dans une telle situation, on se demande si le fait de jouer va nécessairement produire de l'agressivité ou nécessairement nous couper des rapports sociaux. On aura ainsi tendance à répondre soit qu'il ne rend pas agressif (non B), soit qu'il rend agressif (B). On a ainsi occulté le déterminisme probabiliste dont la forme est la suivante : si A, alors B, C, D ou E. Dans ce dernier cas, A peut produire différents effets qu'il faut répertorier (B,C, D ou E). Mais l'interrogation montre cette fois-ci des effets pluriels ainsi que des probabilités pour chacun d'entre eux. On n'affirmera plus : « le jeu rend agressif » ou « Le jeu ne rend plus agressif ». On soutiendra que « le jeu *peut* rendre agressif », « le jeu *peut* servir de refuge ». Mais dans de tels cas de figure, il faut mesurer sa probabilité. Il sera tout différent d'affirmer qu'il y a en moyenne 20% de chance qu'on puisse devenir agressif et de soutenir que la probabilité est de 60%. En lui-même, le verbe « pouvoir » ne signifie rien (et n'indique ni la qualité de l'agressivité ni sa fréquence ou sa durée).

Normand Baillargeon rappelle qu'en logique il existe « des mots fouine »[63]. Une fouine est un animal capable de manger les œufs de certains oiseaux en les trouant afin de gober leur intérieur. L'oiseau qui ne se rend compte de rien continuera à couver son nid. Cette expression a un sens symbolique en logique. Des phrases ont parfois un sens clair et précis : « Ce savon nettoie toutes les tâches » (il va donc nécessairement nettoyer toutes les tâches). Or, un mot fouine symbolise un trou qui consiste à vider de sa clarté le sens de la phrase initiale sans nécessairement qu'on le constate. Par exemple : « Ce savon *peut* nettoyer toutes les taches ». Mais s'il le peut, le peut-il fortement, rarement ou très rarement ? Mystère, justement ! Sans sa clarification, la phrase qui paraît précise ne l'est plus vraiment. Un déterminisme probabiliste est donc plus rigoureux à condition qu'on puisse mesurer en pourcentage chacune des options. Autrement, il est rempli de mots "fouine". Il possède cependant des avantages par rapport au déterminisme mécanique qui a un inconvénient que ne possède pas le précédent : nous fait croire en effet que, du fait qu'un effet s'ensuit nécessairement de sa cause, c'est qu'il n'existe alors aucun autre effet possible (si A, alors B … ou rien). Or, le déterminisme probabiliste rappelle qu'il existe plusieurs comportements et donc d'autres possibilités. Il est par conséquent différent de dire « Le jeu *est* un moyen de susciter de l'agressivité (et n'est donc que cela) » et de soutenir « Le jeu *peut* être un refuge. Mais il peut produire quantité d'autres effets : B, C, D ou E ». Non seulement le jeu peut ne pas être un refuge, mais on découvre qu'il peut également être plein d'autres choses (éventuellement positives) dont il reste à dresser l'inventaire. De sorte qu'affirmer qu'il est nécessairement un moyen de nous couper de nos relations sociales, consiste aussi bien, et maladroitement, à transformer une possibilité en fatalité mais à oublier toutes les autres options que la critique se refuse à concevoir et percevoir. Une telle analyse est donc totalement maladroite et partiale. Pour analyser correctement les avantages et les inconvénients des jeux vidéo, il faudrait alors se représenter toutes les possibilités et les mesurer.

4.2 Petits exemples de reproches infondés

Combien de fois le joueur n'a-t-il pas entendu l'éternelle ritournelle du jeu vidéo déclenchant des émotions ou des comportements répréhensibles et condamnables ? Le jeu de guerre inciterait à devenir violent, les Die & Retry nous pousseraient à devenir agressifs, le jeu nous détournerait du monde professionnel ou nous replierait dans notre solitude. Bien que le jeu ne poursuive pas de tels objectifs, nous l'avons vu, la tentation est grande de considérer qu'il engendre néanmoins de tels effets, certes involontaires, mais inévitables et dangereux. Ce reproche classique est en fait prisonnier d'un optimisme bien naïf : il suppose qu'il existe des activités qui ont des effets indésirables et d'autres qui n'en auraient absolument aucun. Or, toutes les activités ont des conséquences imprévisibles (bonnes ou mauvaises). Les êtres humains, collectivement ou individuellement, ne peuvent penser à tout ce que produisent leurs actions, qu'il s'agisse des effets sur eux-mêmes ou en dehors d'eux-mêmes. Le philosophe Vladimir Jankélévitch décrivait l'être humain à un « *apprenti-sorcier*»[64] : sorcier parce qu'il peut savoir qu'il va mourir ; parce qu'il peut prévoir certains événements ; parce qu'il peut se représenter les conséquences de ses actions pour s'organiser (si je pratique une activité sportive, je peux anticiper ma soif après une séance d'entraînement, raison pour laquelle je me munirai à l'avance d'une bouteille d'eau). Si cependant il est sorcier, il n'est qu'apprenti seulement puisqu'il ne peut penser qu'à certaines conséquences, non à toutes (nos choix peuvent produire des effets inattendus). Les singes en cage refusent les dattes qu'on leur tend à manger, mais les acceptent si on leur donne avec de l'eau. Ils sont capables en effet de savoir qu'ils auront l'envie de s'hydrater après avoir mangé de tels fruits qui les assoiffent. Raison pour laquelle ils ne les consomment pas si on leur donne sans moyen de s'abreuver puisqu'ils savent qu'ils ne peuvent étancher leur soif. L'être humain qui peut anticiper certaines conséquences, comme ces singes, est pourtant loin de pouvoir tout prévoir et anticiper. Reprocher alors aux êtres humains de pratiquer certaines activités en ignorant leurs effets indésirables, c'est leur reprocher de ne pas être des Dieux capables de tout contrôler. Or, ce problème est pourtant propre à toute décision. Ce que des sociologues appellent *l'effet cobra* en référence à un épisode hypothétique durant l'Inde occupée. Il fut un temps où New Delhi regorgeait de serpents dangereux : les cobras. Le gouvernement décida donc de récompenser financièrement quiconque lui apportait la dépouille d'un tel serpent. Cette décision a engendré un effet imprévu : des citoyens organisèrent des élevages de cobras pour les tuer afin de toucher constamment des récompenses. En l'apprenant, le gouvernement supprima toute rétribution. La conséquence à nouveau imprévue fut alors la suivante : tous les éleveurs se débarrassèrent des serpents, et il y en eut alors plus que jamais dans la capitale[65].

Insistons sur cet aspect en énumérant des exemples différents (au risque de lasser le lecteur). Toutes les activités (économique, morale, politique, familiale) ont des effets négatifs ou positifs inattendus. Prenons l'exemple de « l'effet rebond » en économie : des ménages ou des usagers utilisent une quantité d'énergie déterminée (gaz, essence, etc.). On sait que de telles énergies sont polluantes et que moins on en consomme, plus le climat se porte mieux. Les industries ou les entreprises tentent cependant d'améliorer leur productivité et cherche alors à baisser leur coût pour nous les vendre moins cher. Or, que constate-t-on ? Si le prix de l'énergie diminue, alors les gens en consomment bien davantage. Ce qu'on nomme « l'effet rebond »[66] ! Comment donc inciter les gens à moins consommer puisqu'en leur vendant moins cher de l'énergie ou certains biens ils en consommeront plus ? Prenons un exemple plus scolaire. Jean-

Jacques Rousseau critique l'apprentissage des fables de Jean de La Fontaine par les jeunes enfants. Le philosophe rappelle en effet que la morale de ses fables ne peut être correctement comprise par les plus jeunes. En écoutant par exemple l'histoire du corbeau et du renard, les enfants peuvent se dire qu'il convient d'utiliser la flatterie du renard pour réussir à obtenir le fromage du corbeau (ce qui est le contraire de la morale de la fable qui nous apprend à nous méfier des flatteurs). L'incompréhension est possible. De manière plus large : comment savoir si en lisant un ouvrage nous ne sommes pas victimes d'un contre-sens ? Le risque est toujours présent pour l'écrivain qui publie son récit[67]. C'est une conséquence toujours possible qu'il est impossible de connaître à l'avance. Prenons cette fois-ci un contexte plus politique : un élu veut baisser la fiscalité sur les entreprises pour faciliter l'investissement afin de les inciter à créer des emplois. Mais cette baisse des charges peut inciter un chef d'entreprise à baisser le prix de ses marchandises pour conquérir des parts de marché (ou encore, à mieux rémunérer ses actionnaires ; à conserver les économies dans sa trésorerie afin de se protéger en cas de situations difficiles ; à investir dans des produits financiers pour payer les futures retraites de leurs investisseurs, etc.). Ce qui n'incite pas à la création d'emplois. On le vérifie, c'est un véritable défi que de devoir penser à tous les effets et à toutes les conséquences imprévisibles de la plupart de nos choix. Dans un contexte plus familial, Marc André Bloch critiquait Freud qui a prétendu inscrire dans notre nature des complexes universels (le complexe d'Œdipe) alors qu'une lecture attentive de son œuvre semble prouver au contraire que de tels complexes dépendent des relations avec les parents et de leurs comportements. C'est l'attitude des parents (trop forte tendresse de la mère pour son fils, absence de pudeur au sein d'un couple, nudité de la mère et du père qui s'exhibent) qui développerait les complexes en question : « *sa doctrine ne devient discutable que là où elle convertit cette possibilité en une fatalité, au lieu de montrer à ces parents et éducateurs qu'il dépend en grande partie d'eux qu'elle s'épanouisse ou qu'elle avorte* »[68]. Bref, même les parents peuvent ne pas comprendre que leurs attitudes produisent involontairement des complexes chez leurs enfants. La sociologue Eva Illouz montre également les effets néfastes des thérapies psychologiques qui prétendent nous aider à retrouver une confiance en soi grâce à une série d'exercices : car elles culpabilisent en retour les individus qui ont peur d'échouer et qui vont du coup se considérer comme responsables de leurs malheurs et de leurs échecs. Les bonnes intentions de telles thérapies engendrant des effets anxiogènes imprévus sur les individus (dont l'auto-dénigrement)[69].

On peut donc reprocher au jeu vidéo de produire des effets néfastes. Il est possible que de tels effets imprévus *puissent* se manifester (il faut donc quantifier sa probabilité) : mais ce problème n'est en rien spécifique au domaine vidéoludique. Le jeu peut engendrer des effets indésirables comme n'importe quelle autre activité : le travail, le sexe, l'éducation, la thérapie, etc... Ce n'est donc pas ce reproche qui doit être formulé. Il faudrait plutôt savoir si les effets négatifs qu'on considère comme étant possibles sont compensés par des effets positifs bien plus nombreux. Si les effets positifs l'emportent alors sur les négatifs, les reproches deviennent infondés. Nous sommes impuissants à anticiper les effets négatifs ou à nous les représenter, ainsi que les effets positifs. La difficulté est réelle car il est beaucoup plus aisé d'associer des effets négatifs à certaines causes identifiables que des effets bénéfiques. L'effet négatif auquel nous voulons relier à une cause est le plus souvent visible en raison du rapport direct entre eux. Or, un effet positif peut se dévoiler bien plus tardivement et il est rare qu'on pense à le rattacher à une cause antérieure si elle s'est produite depuis un moment déjà. Illustrons cette différence capitale en rappelant la distinction entre la perception causale et le raisonnement causal. Dans le premier cas, nous sommes les spectateurs d'un lien : si je perçois la chute d'un rocher sur un arbre qu'il brise, je déduis que la chute du rocher (une cause) brise l'arbre (son effet). Dans le second cas, j'interprète une situation actuelle comme étant reliée à une cause lointaine dans le temps ou dans l'espace : comprendre que notre société est en partie ce qu'elle est d'un point de vue politique grâce à la révolution française de 1789 implique de relier la situation actuelle à des causes passées. Comprendre que la psychologie de tel adolescent s'explique en partie à partir de traumatismes de son enfance qui en sont les causes, cela relève également du raisonnement causal. Il est beaucoup plus aisé de *percevoir* la causalité directe que de *raisonner* causalement de manière indirecte. Rappelons par exemple que, dans notre tradition occidentale, les chrétiens ont toujours été terrifiés à l'idée qu'une société puisse être gouvernée par des athées puisque, à leurs yeux, l'absence de croyance en Dieu ne pouvait produire directement qu'immoralité et nihilisme destructeur (si Dieu n'existe pas, tout est permis). Nombreux ont donc été les croyants à dénoncer les essayistes (Pierre Bayle par exemple) qui pensaient qu'une société d'athées pouvait être vertueuse, et en outre, moins hypocrite que celle dans laquelle vivent des croyants :

les athées affirmaient qu'on peut toujours soupçonner un croyant de faire le bien non par amour du Bien, mais pour être récompensé plus tard par Dieu - ce que l'athée n'espère point puisqu'il ne croit pas en Dieu. Or, les travaux de Zuckerman ont cherché à montrer que l'athéisme et l'incroyance qui sont en nette progression dans nombre de pays, tendent à être positivement corrélés avec le degré d'éducation des individus, des indices d'égalité entre les sexes, le degré de sécurité des sociétés, mais aussi avec de faibles taux de criminalité, d'homicide, de divorce, de pauvreté et de mortalité infantile. L'auteur rappelle que ce sont donc, au contraire, les croyances religieuses qui affichent le plus souvent des formes d'intolérance, produisent des conflits et des dysfonctionnements. En outre, les croyances religieuses se développent plus facilement dans des sociétés qui dysfonctionnent[70]. On le comprend alors, les effets positifs imprévus de l'athéisme se sont manifestés bien tardivement dans les sociétés d'athées mais ont montré l'exact opposé de ce qu'imaginaient les croyants. Il fallait cependant penser à relier de tels effets à l'athéisme !

Mais revenons au jeu vidéo et prenons un exemple des bienfaits imprévus rattachés au domaine imaginaire et ludique. Le philosophe Jean-Marie Schaeffer a repris de nombreuses analyses de la psychologie qui rappelle que les jeunes enfants doivent très tôt apprendre à différencier ce qui est « pour de vrai » et ce qui est « pour de faux ». Les émotions, les comportements et les paroles d'autrui sont-ils à prendre au premier degré (sérieusement) ou au second degré (de manière ludique) ? Autrui veut-il m'effrayer ou s'amuser à m'effrayer ? Autrui pense-t-il réellement ce qu'il dit ou joue-t-il au méchant pour s'amuser et m'amuser ? Tous les enfants au cours de leur maturation et de leur éducation sont confrontés à un tel problème universel. Or, les études auxquelles se réfère le philosophe semblent montrer que plus les enfants jouent et développent leur imagination *à travers les jeux*, plus ils apprennent *dans la réalité* à développer leur faculté pour distinguer ce qui est pour de vrai et ce qui est pour de faux. Plus au contraire l'usage de leur imagination ludique est rare (autrement dit, moins ils jouent) et plus il leur est difficile de clarifier ou de soupçonner dans leur vie quotidienne les différents niveaux d'analyse (premier degré et second degré). Ce qui produit malheureusement des malentendus et des difficultés pour leur socialisation. Plus on développe l'activité ludique, plus on est à même de distinguer dans le réel ce qui se veut sérieux et ce qui se veut fantaisiste[71]. L'observation de tels résultats implique un raisonnement causal capable de relier des activités (jouer) à des effets plus tardifs inattendus (aisance pour différencier le sérieux du second degré). Non seulement cet effet est distant dans la durée et inattendu, mais il eut été difficile, on le conçoit, de considérer que nos facilités à socialiser dépendaient de la pratique du jeu fictif en général et de l'imagination. Tel est pourtant l'un des effets postifis bien réel de la pratique du jeu. Plus je joue et cultive la part d'imaginaire en moi, plus je distingue dans le réel des niveaux et des registres différents.

4.3 Petite application des hypothèses sur des idées reçues

Les quelques remarques consignées au cours de cet ouvrage peuvent donc aisément s'appliquer, comme va le constater le lecteur, à de nombreux reproches récurrents, et au final peu pertinents. Prenons ainsi le philosophe contemporain Christian Godin, si cultivé et si intelligent, qui dresse tout au long d'un ouvrage remarquable, une diatribe selon nous malvenue contre les jeux vidéo : *« Les jeux vidéo se pratiquent généralement en solitaire et sont par conséquent à la fois un signe et un facteur de désocialisation »*[72]. La critique est étonnante. Elle repose sur une analyse partiale qui part d'une prémisse affirmant que la pratique est solitaire afin d'en conclure de manière générale à la désocialisation. Or, une pratique peut être solitaire sans être un facteur de désocialisation. L'activité solitaire au départ finit par faire croire à la solitude à l'arrivée. De nombreux jeux, pourtant, se pratiquent en coopération locale ou en réseau. Ce reproche n'est donc nullement fondé puisque le jeu *peut* être un moyen de réunir plusieurs individus (comme le prouvent les jeux familiaux). On le vérifie, une confusion est faite entre « certains jeux » et « le jeu en général ». En même temps, la phrase est prisonnière d'un déterminisme mécanique (comme vu précédemment). Il aurait fallu se contenter de dire plus modestement mais de manière plus imprécise que « *certains* jeux *peuvent* (mot fouine) provoquer de la désocialisation ». Encore que, à nouveau, nous soyons victimes, comme rappelé dans notre introduction, d'une confusion entre ce qu'est un jeu (sa nature, son essence) et l'usage que certains en font (un tournevis peut être utilisé pour tuer une personne, rappelons-le. Mais tel n'est pas son être). Indépendamment de telles remarques, notons que la pratique du jeu fait partie d'un tout culturel qui interdit de l'isoler. Il existe en effet des forums, des salons (l'E3 ou le Tokyo GameShow sont l'occasion de rencontres) et des communautés qui entourent sa diffusion (journaux, chaîne internet avec analyses, boutiques avec vendeurs). Les joueurs se rencontrent, se prêtent leurs jeux, s'échangent leurs impressions. Ce reproche n'a pas plus de pertinence que celui-ci : *« Par son réalisme époustouflant, le jeu vidéo bloque l'imaginaire et la capacité de symbolisation, qui sont la première dimension de liberté de l'homme ».* Il est difficile de comprendre l'argument dont la tournure rappelle plus le slogan que l'analyse. Le philosophe ignore que le réalisme visuel n'est qu'un procédé parmi d'autres bien plus nombreux et spectaculaires : Cel Shading (*Jet Set radio*), pixel art retro (*Punch Club 2*), style dessin animé (*Cuphead, Dragon's Lair*), dessins peints à la main (*Creaks*), graphisme basé sur des décors de papier ciselé (*Paperate*), style cartoon (*Memory of Us*), graphisme de type aquarelle (*Dordogne*) ou imitant l'impressionnisme picturale de manière animée (*11-11 Memories Retold*). Comment, surtout, reprocher au jeu vidéo de bloquer l'imaginaire et la capacité de symbolisation puisque les jeux sont des pures créations de l'imagination ? Le bestiaire dans les jeux témoigne d'une véritable imagination créatrice, tout comme l'art de construire des narrations ; l'art encore d'inventer des mythologies fictives qui implique en arrière-plan toute une anthropologie imaginaire ; l'art aussi de créer des mondes possibles ou même impossibles (ne respectant pas les lois de la physique ou de la biologie). Pire : aucun jeu, on l'a vu, de par leur mise en concurrence sur le marché, ne peut oser en imiter un autre au point de lui être identique. Les programmeurs sont contraints à la création et les joueurs confrontés à leurs innovations. La compétition pousse à la création.

Le raisonnement du philosophe reste néanmoins trop idéalisant puisqu'il ne définit aucunement la liberté et l'imagination qu'il invoque. Prenons tout d'abord l'exemple de l'imagination. Le philosophe Paul Ricoeur note que cette faculté peut avoir un double-statut : elle peut être au service d'une compréhension du monde en inventant des hypothèses (ce que recherche l'idéologie) ou être à l'inverse un moyen d'inventer d'autres mondes possibles (ce que cherche à être l'utopie). Dans le premier cas sa fonction vise la compréhension du réel en imaginant un système explicatif. Dans le second elle vise à modifier la réalité ou à imaginer un autre monde au nom duquel éventuellement transformer celui dans lequel nous vivons actuellement : qu'on songe aux utopies de More ou de Cabet, à Swift et ses voyages de Gulliver[73]. Or, le jeu vidéo ne nous propose-t-il pas, grâce à l'imagination d'une équipe, des mondes inédits ou même des variations sur notre monde, ses possibles transformations ? *Cyberpunk 2077* ne nous propose-t-il pas un monde futuriste crédible comme certaines dystopies, à l'instar de *Deus Ex : Mankind Divided* ? Prenons ensuite la liberté. L'activité ludique est pourtant le signe que nous sommes *libres* : en nous libérant de ce monde perceptif et de ses lois ; en nous libérant de notre moi pour accepter une simulation avec un autre personnage ; en nous libérant des soucis quotidiens et du travail social qui peuvent entraîner un sentiment d'aliénation ; en nous rendant disponibles afin de découvrir ce qu'une équipe veut nous transmettre comme messages ; en nous libérant des urgences biologiques et vitales.

Mais le philosophe continue sa critique : *« la simulation est tellement réaliste que sa violence ne peut plus avoir comme alibi son caractère fictif. La neurophysiologie a prouvé que ce sont les mêmes zones du cerveau qui sont stimulées lorsque l'on fait quelque chose (comme courir) et lorsque l'on pense faire quelque chose »*. Le reproche est ici surprenant. Supposons la pertinence de la remarque. La référence aux travaux neurophysiologiques nous laisse sceptique. Si les zones cérébrales sont les mêmes lorsque j'utilise réellement les membres de mon corps (bouger mon petit doigt) et lorsque j'imagine simplement les bouger (imaginer remuer mon petit doigt), il n'empêche que je suis pourtant capable de distinguer entre mouvement réel et mouvement imaginé. La critique n'est donc en rien décisive. Faudrait-il d'ailleurs en conclure qu'il n'existerait plus de différences entre tuer quelqu'un et nous imaginer l'assassiner puisque les zones responsables des mouvements et des émotions sont les mêmes ? Rappelons également que des mouvements peuvent mobiliser les mêmes muscles, les mêmes neurones sans avoir pourtant le même sens. Lever le bras en pointant le doigt pour demander à prendre la parole et lever le bras en pointant le doigt afin de montrer une tache au plafond mobilisent mêmes muscles et neurones : mais ces mouvements identiques sont deux comportements différents. Les zones cérébrales mobilisées lors de l'expression de la colère peuvent donc être identiques : mais rien ne nous permet alors d'inférer que sa signification et notre réaction à son égard possèdent même signification et même valeur. L'autre inconvénient de cette analyse vient du fait que l'on parle d'une émotion ou d'un sentiment sans son complément d'objet qui en modifierait pourtant profondément le sens. La haine que j'éprouve à l'égard d'une personne qui a socialement réussi n'a aucunement le même sens que la haine que j'éprouve à l'égard de l'injustice. De même, mon agressivité à l'égard de mon voisinage n'a aucunement le même sens que l'agressivité qui est en moi parce que j'ai échoué une série d'actions dans un jeu. Ce n'est donc pas parce qu'en imagination (en jouant) à un jeu violent, je me mets à éprouver de la colère et de l'énervement que cela prouve qu'ils sont liés aux actions violentes de mon personnage. Nous l'avons vu, l'agressivité ressentie découle plutôt de notre sentiment d'échec dans le contexte de l'intelligence machiavélique. Elle provient du sentiment de ne pas réussir à nous améliorer et à nous perfectionner. Le jeu ne vise donc pas à produire de l'agressivité en l'alimentant pour qu'on s'en nourrisse, ni à la susciter pour le plaisir de l'éprouver. Elle fait partie d'une logique plus globale hors de laquelle on ne peut la comprendre. Un jeu violent sans difficulté ne procure vite qu'ennui et est aussitôt oublié lorsqu'il est fini. Évoquer l'agressivité « en général » ne nous instruit donc guère malgré l'activation de zones cérébrales qui seraient mobilisées dans la production de l'émotion.

[1] Fabrice Hadjadj, *Des nouvelles de l'homme (et de la femme aussi)*, Tallandier, 2019, propos du 3 avril 2016.

[2] Voir la célèbre préface de son ouvrage *Prolégomènes à toute métaphysique future* (1865).

[3] Saint Augustin, *Les confessions*, III, II, 2.

[4] Aristote, *La poétique*, 1148b5-1148b19.

[5] Pierre Janet, *Les débuts de l'intelligence*, Flammarion, Paris, 1935, p. 108.

[6] Charles Baudelaire, *Le spleen de Paris*, 1972, LGF, p. 97.

[7] *Ibidem*, p. 110.

[8] *Ibidem*, p. 119.

[9] *Ibidem*, p. 107.

[10] Jean-Paul Sartre, *L'être et le néant*, Paris, Gallimard, 1976, coll. Tel, p. 95-96.

[11] Montaigne, *Essais*, III, x, « De ménager sa volonté ». Voir la belle analyse de Henri Pena-Ruiz, *Le roman du monde, Légendes philosophiques*, Paris, Flammarion, 2001, p. 241-245.

[12] John Locke, *Essai sur l'entendement humain*, Paris, LGF, 2009, livre II, chapitre 22, §8, p. 464 : « Si nous examinons où existe l'idée de *triomphe* ou d'une *apothéose*, il est évident qu'aucune de ces idées ne saurait exister nulle part tout à la fois dans les choses mêmes, parce que ce sont des actions qui demandent du temps pour être exécutées, et qui ne pourraient jamais exister tout ensemble ». Le triomphe n'existe qu'avec du temps, non à un moment donné appelé « t ». On ne peut donc éprouver le sentiment de triompher que si on lutte *un certain temps*. Pour avoir l'impression de triompher (dans un jeu de guerre ou lors d'un casse-tête) il faut s'être confronté avec obstination à certains obstacles tenaces *qui durent et résistent*.

[13] Roger Caillois, *Les jeux et les hommes*, Paris, Gallimard, 1992.

[14] Voir Alain Roger, *Bréviaire de la bêtise*, Paris, Gallimard, 2008, p. 43-44.

[15] Ce qu'exprime l'excellent ouvrage de Jean-Claude Quentel, *Les fondements des sciences humaines*, Paris, Érès, 2007.

[16] Dans son *Traité politique*, I, §4 il écrit : « *J'ai pris grand soin de ne pas tourner en dérision les actions humaines, de ne pas les déplorer ni les maudire, mais de les comprendre. En d'autres termes, les sentiments par exemple d'amour, de haine, de colère, d'envie, de glorification personnelle, de joie et de peine par sympathie, enfin tous les mouvements de la sensibilité, n'ont pas été, ici, considérés comme des défauts de la nature humaine. Ils en sont des manifestations caractéristiques, tout comme la chaleur, le froid, le mauvais temps, la foudre, etc., sont des manifestations de la nature de l'atmosphère* ». Spinoza différencie donc le jugement et la compréhension. Notons également qu'il considère les sentiments ni comme des défauts ni comme des qualités. Ils sont d'abord des manifestations (terme neutre) de notre nature. Un indice de cela se vérifie dans son énumération car il est étonnant de voir la colère et l'amour inclus dans la liste des défauts : on aurait tendance à considérer la colère comme un défaut et l'amour et la joie comme des qualités. Mais Spinoza refuse ici de juger positivement ou négativement puisque telle n'est pas la tâche philosophique qui recherche l'essence d'une chose. Il faut comprendre la structure des affects, non dire en quoi A est

une qualité ou un défaut. Ensuite, le passage montre que le philosophe se réfère à des exemples physiques (foudre, froid, chaleur) et non biologiques pour éviter de poser la question (visiblement) de leur utilité. Même si dans son ouvrage posthume (*L'éthique*) Spinoza fait abondamment usage de ce terme, les définitions qu'il propose ne reposent pas sur cette notion. Il convient donc, pour les mêmes raisons, de ne pas tourner en dérision *le fait de jouer* mais de le comprendre puisqu'il fait partie de la nature humaine. Le jugement moral ou utilitariste ne peut donc se substituer à l'analyse. Un jugement sur une chose ne peut se substituer à la compréhension de cette chose. En fait, on juge pour ne pas avoir à comprendre. Par contre, mieux comprendre permettra de mieux juger.

[17] « Le jeu vidéo à l'adolescence comme mise en scène de la famille imaginaire » in *Le divan familial*, 2008/2, n°21.

[18] Robert Bresson, *Notes sur le cinématographe*, Paris, Folio, 1995.

[19] Voir Ferdinand Alquié, *La conscience affective*, Paris, Vrin, p. 159 : « Didier Anzieu abandonne l'interprétation des œuvres à partir des complexes qui s'y expriment pour tenter une psychanalyse du style. Ce qui permet d'espérer que la psychanalyse de l'art consentira enfin à parler de l'art, et non des seuls sujets traités par les artistes ».

[20] Dany-Robert Dufour, *Le divin marché, La révolution culturelle libérale*, Paris, Denoël, 2007, p. 61.

[21] Alain Bosquet, *Les solitudes. Trilogie*, Gallimard, Paris, 2002.

[22] Jean-Marie Schaeffer, *Pourquoi la fiction ?*, Paris, Seuil, 1999, p. 10.

[23] Voir Edward T. Hall, *La dimension cachée*, Paris, Seuil, 1971, p. 89.

[24] Voir *Gaspard Koenig, La fin de l'individu. Voyage d'un philosophe au pays de l'intelligence artificielle, Paris, L'Observatoire, 2019.*

[25] *Le cerveau et la pensée. Le nouvel âge des sciences cognitives* (sous la direction de Jean-François Dortier), Paris, Sciences humaines, 2014. Voir notamment l'entretien avec Marc Jeannerod « la main, l'action et la conscience ».

[26] Bernard Werber, *Le livre secret des fourmis*, Albin Michel, 1993, Paris, p. 100-101.

[27] R. Ruyer, *Paradoxes de la conscience*, Paris, Albin Michel, 1966, p. 48-49.

[28] R. Ruyer, *La cybernétique et l'origine de l'information*, Paris, Flammarion, 1954, p. 222-223.

[29] Jacob von Uexküll, *Mondes animaux et monde humain*, Pocket, Paris, 2004.

[30] Gabriel Tarde, *L'opposition universelle*, Institut Synthélabo, Paris, 1999, p. 240.

[31] Pascal Debailly, *Zadig, Micromégas*, Hatier, Paris, 2001, p. 100.

[32] Bernard Werber, *Le livre secret des fourmis,* Paris, Albin Michel, 1993, p. 166.

[33] Erri De Luca, *Sur les traces de Nives*, Paris, Gallimard, 2005, p. 26.

[34] Michel Henry, *Voir l'invisible. Sur Kandinsky*, François Bourin, Paris, 1988, p. 178-183.

[35] *André Comte-Sponville, Présentations de la philosophie, Paris, Albin Michel, 2002. Voir partie 4 : « on ne vivra pas de la même façon, on ne pensera pas de la même façon, selon qu'on croit ou non qu'il y a quelque chose après la mort ».*

[36] Louis-Vincent Thomas, *La mort*, Paris, Payot, 1975.

[37] G. Devereux, *Essais d'ethnopsychiatrie générale*, Gallimard, 1977, p. 124, p. 81. Voir aussi Karl Jaspers : « Les questions en philosophie, sont plus essentielles que les réponses, et chaque réponse devient une nouvelle question », *Introduction à la philosophie*, Librairie Plon, 1970, p. 11.

[38] Pascal, *Pensées*, Paris, LGF, 1972, p. 53.

[39] Raymond Boudon, *Le juste et le vrai*, Paris, Fayard, 1995.

[40] Le roman intitulé *Le réveil* de Laurent Gounelle comporte en toute fin une bibliographie comportant un grand nombre d'études prétendant montrer la violence suscitée par les jeux vidéo.

[41] *René Clair, Réflexion faite. Notes pour servir à l'histoire de l'art cinématographique de 1920 à 1950, p. 111-112.*

[42] *Olivia Judson, Manuel d'éducation sexuelle à l'usage de toutes les espèces, Paris, Seuil, 2004, p. 101.*

[43] Jean Piaget, *Le jugement moral chez l'enfant*, Paris, PUF, 1985.

[44] Barbey d'Aurevilly, *Les diaboliques*, Paris, LGF, 1985, p. 196.

[45] Voir Serge Tisseron, *L'empathie, au cœur du jeu social*, Paris, Albin Michel, 2010, chapitre 8.

[46] *Theodore Zeldin, Histoire des passions françaises, 1848_1945. 3. Goût et corruption, Paris, Seuil, 1979, p. 49.*

[47] *Ibidem*, p. 71. Piper signifie se duper soi-même.

[48] José Saramago, *Tous les noms*, Paris, Seuil, 1997, p. 67.

[49] *Bernard Maris, Lettre ouverte aux gourous de l'économie qui nous prennent pour des imbéciles, Albin Michel, 1999, p. 65.*

[50] Jean-Jacques Rousseau, *Émile ou De l'éducation*, Paris, Gallimard, p. 609.

[51] Milan Kundera, *L'immortalité,* Paris, Gallimard, 1990, p. 330-331.

[52] Cité in John Dewey, *L'art comme expérience*, Paris, Gallimard, 2005, p. 32.

[53] Pierre Janet, *op. Cit.*, p. 117.

[54] Svendsen, Lars, *Petite philosophie de l'ennui*, Paris, Fayard, 2003, p. 27.

[55] Marcel Deschoux, *Initiation à la philosophie*, PUF, Paris, Vrin, 1961, p. 1.

[56] Mihaly Csikszentmihalyi, *Vivre. La psychologie du bonheur*, Paris, Robert Laffont, 2004, p. 79.

[57] Vladimir Jankélévitch, *Philosophie morale*, Paris, Flammarion, 1998, p. 43.

[58] Spinoza, *L'éthique*, Paris, Folio, 1994.

[59] Haruki Murakami, *Autoportrait de l'auteur en coureur de fond*, Belfond, 2009, p. 20 et 19.

[60] Fernando Savater, *Choisir, la liberté,* Paris, Calmann Lévy, 2003, p. 61.

[61] Paul Ricoeur, *Philosophie de la volonté, tome 1*, Paris, Aubier Montaigne, 1950, p. 238.

[62] Daniel Kahneman, *Système 1/Système 2. Les deux vitesses de la pensée,* Paris, Flammarion, 2012, p. 561-580.

[63] *Normand Baillargeon, Petit cours d'autodéfense intellectuelle, Lux, 2005.*

[64] *Vladimir Jankélévitch, Le je-ne-sais-quoi et le presque rien. La volonté de la volonté, tome 3, Paris, Seuil, 1980, p. 28-32.*

[65] Gérald Bronner, *Apocalypse cognitive*, Paris, PUF, 2021.

[66] *Hervé Kempf, Pour sauver la planète, sortez du capitalisme, Seuil, 2009, p. 128.*

[67] Jean-Jacques Rousseau, *Émile ou de l'éducation*, Paris, Gallimard, 1969, p. 188-194.

[68] *Marc André Bloch, Le développement moral et affectif, tome IV du traité de psychologie de l'enfant, Paris, PUF, 1970, p. 119.*

[69] *Eva Illouz, Happycratie. Comment l'industrie du bonheur a pris le contrôle de nos vies, Paris, Premier Parallèle, 2018.*

[70] *Là-haut, il n'y a rien. Anthologie de l'incroyance et de la libre-pensée* (sous la direction de Normand Baillargeon), Presses de l'Université Laval, 2010, p. 9-10.

[71] Jean-Marie Schaeffer, *Pourquoi la fiction ?*, Paris, Seuil, 1999.

[72] Toutes les citations sont extraites de Christian Godin, *La démoralisation. La morale et la crise*, Ceyzérieu, Champ Vallon, 2015.

[73] Paul Ricoeur, *L'idéologie et l'utopie*, Paris, Seuil, 1997, p. 350.